JN092715

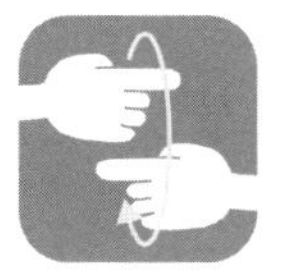

ユーキャンの はじめて

手話会話

動画と
イラストで
よくわかる！

監修　米内山 明宏　小松加代

はじめに

『ユーキャンのはじめて手話会話』をお求め頂きありがとうございます。手話を学びたいという皆様の熱意に対して、ろう者を代表してお礼を申し上げます。

本書は、実際にろう者との会話でよくある場面を想定し、ろう者が普段使っている表現を多く取り入れています。単語は、親しみやすいイラストを用いてわかりやすく紹介しました。基本的に４つの単語で１つの文章を表現できるように作られているので、はじめて手話に触れる方にも学びやすくなっています。

また、本書付録の動画では、ろう者が普段使っているような生き生きとした手話を見ていただくことができます。ろう者と実際に交流する機会が少ない聴者の方にも、実際の手話会話を映像で体験していただけることと思います。最初は手話表現が早く感じられるかもしれませんが、動画のスロー再生や一時停止機能を活用しながら、繰り返し見てください。

米内山 明宏

目次

はじめに……………………………… 2
本書の使い方………………………… 4
動画の見方…………………………… 8

手話のことをもっと知ろう

日本手話と日本語対応手話………… 9
ろう文化とは……………………… 9
いろいろなコミュニケーション方法 10
手話と日本語……………………… 10
いろいろな手話…………………… 11

手話の文法の基本

指差し…………………………… 12
口型について…………………… 12
音韻変化………………………… 13
副詞的表情……………………… 13
手話の語順……………………… 14
手話を学び始める前に………… 16

手話会話をはじめよう

レッスン1「あいさつ」 ……… 17
レッスン2「自己紹介」 ……… 33
レッスン3「買い物」 ………… 49
レッスン4「学校」 …………… 65
レッスン5「仕事」 …………… 81
レッスン6「趣味・習い事」 97
レッスン7「レジャー」 ……… 113
レッスン8「食事」 …………… 129
レッスン9「トラブル」 ……… 145
レッスン10「冠婚葬祭」 ……… 161
レッスン11「病院」 …………… 177
レッスン12「接客」 …………… 193

指文字表 ………… 209

本書の使い方

それぞれのレッスンは、シーン1から5に分かれています。シーン1では、そのレッスンのテーマに関する基本会話を紹介しています。シーン2以降は、同じテーマの短い会話を紹介しています。1つの文章は、上から下に単語を並べています。会話は左から右へと進んでいきます。

なお、各章の扉の二次元バーコードを読み込むことで実際のろう者の手話を動画で見ることができます。本書とあわせてご覧ください。

シーンのタイトル
各レッスンには5つのシーンを設定しています。

会話文
日本手話を日本語に訳した文章です。

ラベル
単語の意味を表す記号としての仮の日本語です。

動きの説明
イラストとあわせて動きを確認できます。

区切り線
イラストの下の赤線は、手話において間を空ける部分を示しています。

基本会話

初めまして。佐々木です。

佐藤です。よろしくお願いします。

初めまして
下向きの手の上で、手のひらを上げながら人差指以外の指を閉じる。

人差指を立て、前後に向かい合わせた両手を近付け、拳同士を付ける。

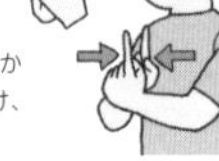

砂糖（＝佐藤）
手のひらを手前に向け口元で回す。

私
人差指で鼻の辺りを指す。

佐々木
肩の上に置いた拳を、斜めに上下させる。

私
人差指で鼻の辺りを指す。

よろしくお願いします
拳を鼻の前に置き、前に向けて出す。

指をそろえて手を立て、拝むように前に出す。

34

場面イラスト

会話の状況をイメージしたイラストです。

会話文

日本手話を日本語に訳した文章です。

私

人差指で鼻の辺りを指す。

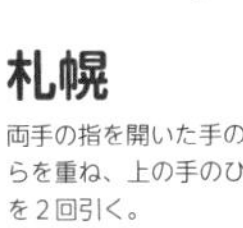

札幌

両手の指を開いた手のひらを重ね、上の手のひらを２回引く。

来る②

前に向けた人差指を自分の方に振る。

あなた？

相手を人差指で指す。

私

人差指で鼻の辺りを指す。

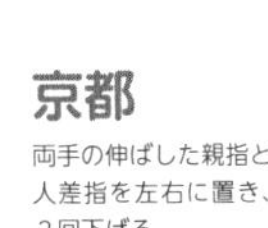

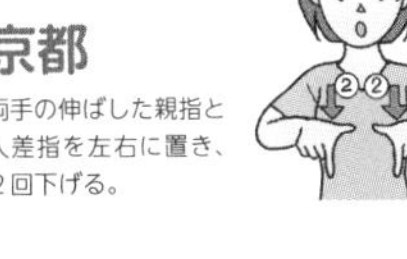

京都

両手の伸ばした親指と人差指を左右に置き、２回下げる。

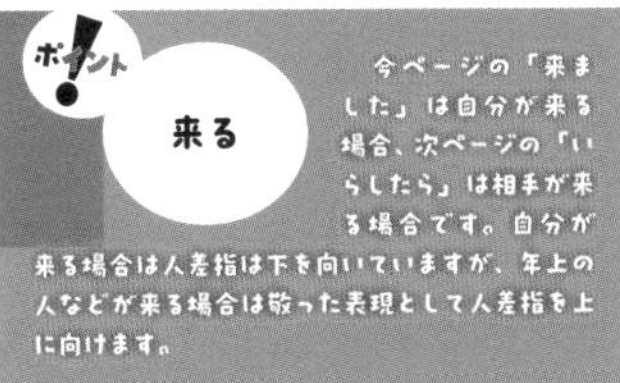

ポイント **来る**

今ページの「来ました」は自分が来る場合、次ページの「いらしたら」は相手が来る場合です。自分が来る場合は人差指は下を向いていますが、年上の人などが来る場合は敬った表現として人差指を上に向けます。

② 自己紹介

35

ラベルの中で①や②と記してあるものは、複数の表現方法がある単語です。この番号は、姉妹本「これだけ！実用手話辞典」とリンクしています。

注意事項

イラストは右利きの場合で描かれていますが、動きの説明では決まった表現ではない限り、利き手を設定せず説明しています。また、地方や時代によって動きが異なることがあります。

本書の使い方

関連単語

シーンの話題に関連する単語を紹介しています。

関連単語　天候に関する表現

曇り
指を少し曲げて向かい合わせた両手を少しひねりながら横に移動する。

雲
向かい合わせた両手の指をふわふわさせながら、左右に引く。

雪
両手の親指と人差指で作った輪をひらひらと下ろす。

雷
親指と人差指を付けた手をジグザグに下ろし、開く。

天気（＝空）
指先を上に向け、頭の前で半円を描く。

地震
上向きの両手のひらを強く前後に同時に動かす。

ポイント

シーンの会話に出てくる単語の、補足説明を紹介しています。

手話はろう者の歴史から生まれた言葉です。しかし、日本語を表すために聴者によって作られた単語もあります。例えば、"おはよう"を「朝」+「あいさつ」、"こんにちは"を「昼」+「あいさつ」、"こんばんは"を「夜」+「あいさつ」と表現することがその例です。ろう者同士のあいさつは、初対面でなければ、時間や相手に関係なく、シーン2のように「やぁ」と表現するのが一般的です。ろう者同士の普段の会話では、どのような場面でどのような表現がされているのか、よく見て学ぶとよいでしょう。

豆知識

手話に関する豆知識などを紹介しています。

質問をするときには、尋ねる表情をしましょう。尋ねるときにはまゆを上げるといった動きや、あごの動き（引く、振るなど疑問詞により異なる）が伴います。無表情で「元気？」と尋ねても、再会の喜びは相手に伝わりません。また、心配そうな表情で「元気？」と尋ねてしまうと、相手はどこか具合が悪く見られてしまったのかと感じてしまいます。答えるときも同じです。「元気だよ！」と答えるときには、笑顔で元気よく表現しましょう。手話では、気持ちを表情で表すことがとても大切なのです。

すぐに使える手話フレーズ

ろう者の世界の出来事に触れつつ、生活の中で使いやすい手話のフレーズを紹介しています。

すぐに使える手話フレーズ

はじめての
あいさつ

ここでは、質問の仕方に注目してみましょう。疑問文では、「～は何？」というように、疑問詞が文末にくるのが基本です。例えば、“何が食べたい？”と尋ねる場合は「食べたいのは何？」という語順になるのが一般的です。“どこへ行きたい？”は「行きたい場所はどこ？」、“お名前は何といいますか？”は「名前は何？」と表現します。また、まゆが上がる、あごが引き気味になるなどの動きのある表情にも注目してみてください。

名前は何？

名前①

手のひらに、立てた親指の腹を当てる。

何？

立てた人差指を左右に数回、振る。

Check
目を見て
話そう

手話での会話における重要なポイントの１つは、相手の目を見て話すことです。目を見て質問し、目を見て答えましょう。目を逸らすという行為は、考え中であることや、そのときの様子を振り返っている状態などを意味している場合があります。手話を学び始めたばかりの人は、つい自分の手の動きが気になって視線が落ちてしまいがちなので、意識して目を合わせるようにしましょう。

32

Check
“なるほど！”と思うようなワンポイント知識を紹介しています。

動画の見方

本書と動画を見比べながら学ぶことによって、ろう者の自然な手話を覚えられます。

各章の扉ページにある二次元バーコードを読み込むことで動画サイトにアクセスできます。

練習してね

Lesson 1 あいさつ

あいさつは、人と人を結び付ける基本の会話です。出会いのあいさつ、別れのあいさつなど、いろいろな場面があります。また、目上の人、友達、子どもなど、相手に合わせた話し方もあります。先輩に対しては相手を尊重するような、子どもに対しては優しく接するような表現を心がけましょう。

動画内容
SCENE 1　基本会話
SCENE 2　再会
SCENE 3　待ち合わせ
SCENE 4　家族
SCENE 5　別れ

動画で学ぼう

https://youtu.be/6vfPq54Hwqo

17

シーンのタイトル
章とシーンが記されています。

会話文
日本手話を日本語に訳した文章です。

注意事項　動画内の手話会話では、テキストでは紹介しきれない、指差しや相づちなど会話の中で自然にあらわれる動作もご覧いただけます。また、テキストと動画では、性別の違いによる表現の違いや、前後の表現を受けて手の位置や動かし方が若干異なる場合がございます。

手話のことをもっと知ろう

手話ってなんだろう？　手話ってどんな言葉なの？

このコーナーでは、手話という言語の特徴について紹介しています。はじめて手話を学ぶ人も、さらに手話を上達させたい人も、手話について理解を深めてみてください。

1 日本手話と日本語対応手話

日本で使われている手話には､「日本手話」と「日本語対応手話」の２種類があるということをご存知ですか？

「日本手話」とは、ろう者のコミュニティから生まれた、ろう者の言語です。生まれつき聞こえない人が自然に習得するもので、“ろう者の母語”といってよいかもしれません。日本手話は、日本語とは異なる１つの言語であり、独自の言語体系を持っているので、文法や表現方法も日本語とは異なります。

一方、「日本語対応手話」とは、日本語を手話に置き換えることでコミュニケーションをとる方法です。言語体系としては日本語ですから、“手で表現する日本語”といえます。こちらは、日本語になじんでいる中途失聴者や難聴者にとっては受け入れやすい手話なので、コミュニケーションを補助する手段として学習されることも多いようです。

なお、本書では、ろう者が日常的に使う「日本手話」を紹介しています（以後、「手話」と記述されている場合は、原則「日本手話」を表します）。

2 ろう文化とは

ろう者に独自の言語があるのと同様に、独自の文化（「ろう文化」）があります。これは、聴覚に頼らない生活習慣から生まれたものです。例えば、人を呼ぶときには声をかけるのではなく、相手の肩などを軽く叩きます。離れている人には、光を点滅させたり、床や机などを叩いて振動で呼びかけたりします。また、拍手の代わりに両手を上げてヒラヒラさせます。演劇や講演などが終わったとき、こうした様子を見ることができます。

ろう者と接すると、考え方や生活習慣の違いに戸惑ったり驚いたりするかもしれません。しかし、外国人と接するときも似た体験をしているのではないでしょうか？　手話を学ぶ際も、外国語を学ぶのと同様の気持ちで取り組むと、つまずきにくいかもしれません。手話を通して、異なる言語や文化を学ぶ楽しさを感じることができるでしょう。

3 いろいろなコミュニケーション方法

耳が聞こえない人とのコミュニケーション方法は、もちろん手話だけではありません。口の形から言葉を読み取る読話、発語によって意思を伝える口話、筆談、空間に文字を書く空書、それに指文字などがあります。言語習得後に聴覚を喪失したいわゆる中途失聴者は、日本語になじんでいるので、手話よりも筆談や口話などのほうがコミュニケーションをとりやすい傾向にあります。一方、言語習得前あるいは生まれつき聴覚を喪失している人は、手話を母語としている人が多く、筆談よりも手話を好む傾向にあります。手話を用いる人の中には、両親がろう者で自身が聴者である人（コーダ）もいます。手話と日本語のバイリンガルであることが多いようです。

4 手話と日本語

手話と日本語は、その意味が必ずしも１対１で対応しているわけではありません。

ここでは、いくつか例を紹介します。

両手で拳を作り、小刻みに震わせる。

※「寒い」「冬」と「怖い」は表情が異なる。

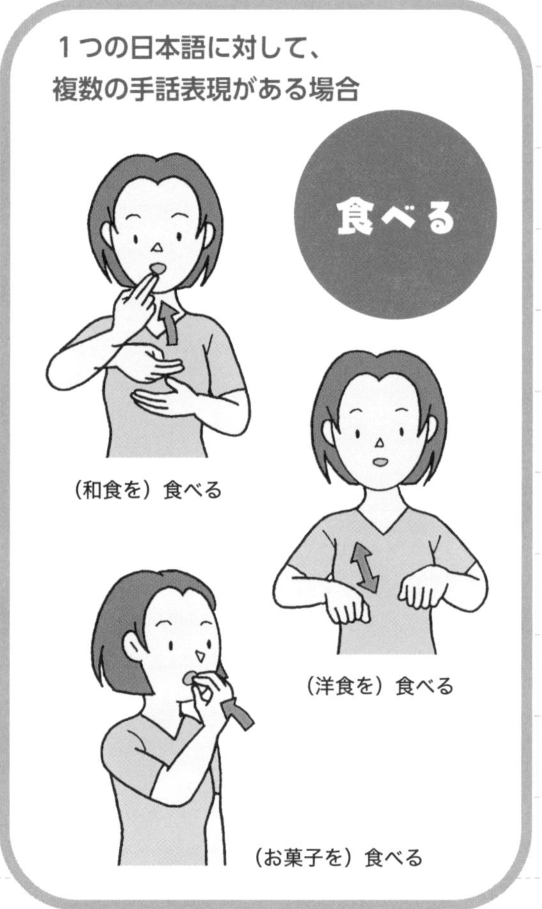

（和食を）食べる

（洋食を）食べる

（お菓子を）食べる

5 いろいろな手話

手話は視覚言語なので、男女によって表現が異なることがあります。
例えば、**おいしい** という単語は、男性と女性で異なる表現を使う場合があります。

男性

拳であごをさする。

女性

手と同じ側のほおを
手のひらで軽く叩く。

また、手話には地域差もあります。例えば、**名前** という単語は、関東と関西で異なる表現をします。

関東

手のひらに、立てた
親指の腹を当てる。

関西

親指と人差指で輪を
作り、胸に当てる。

わからない手話に出会ったら、「今の手話はどういう意味ですか？」と遠慮なく尋ねてみましょう。

手話の文法の基本

手話は１つの言語であり、独自の文法が確立されています。ここでは、手話の文法における基本的なポイントを紹介します。あくまで文法の一部なので、実際の会話の中ではさまざまに変化する場合もあります。手話の会話を通して、いろいろな表現をどんどん学んでみてください。

1 指差し

手話に慣れていない人は驚くかもしれませんが、指差しは手話の特徴の１つです。文頭にある指差しは＜主語＞として使われます。日本語と同じですね。指差しが文末に再度登場することもあります。例えば、「私」＋「学校」＋「行く」＋「私」という場合です。この指差しは、対象が「私」であることを示す意味と、主語の再確認の役割を持っています。日本語にはない、手話らしい表現といえます。

一人称（私）：自分の鼻の辺りや胸の辺りを指差します。

二人称（あなた）：目の前にいる話し相手を指差します。

三人称（それ、あれ等）：対象が見えている場合は、その物を指差します。対象が見えない場合や、漠然とした物事を指す場合は、実際の方向とは関係なく、斜め前上や斜め後ろ上を指差します。

2 口型について

口型とは、手話表現に伴う口の動きや形をいいます。手話語彙によって組み合わされる口型は決まっています。例えば、「ホッとする」という単語を表現する場合、口は「お」という形をします。この単語は、手の動きと口型がセットになっている例ですが、中には、１つの単語に組み合わされる口型が複数ある手話語彙もあります。単語ごとに口型も必ず覚えようとすると大変なので、実際の会話の中でいろいろな文脈に慣れていくとよいでしょう。なお、これらの口型は比較的若いろう者がよく使うもので、年配のろう者の中にはまったく使わない方もいらっしゃいます。

3 音韻変化

学習を進めていくと、「単語は覚えているのに、読み取れない。ゆっくり表現してくれるとわかるのだけど…」と思うかもしれません。手話の読み取りが難しい原因の１つは、「音韻変化」です。

手話の単語は、１語だけで表現する場合は、基本的な手の形・向き・位置・動きの方向などの要素が決まっています。しかし、文章として単語が連続する場合は、前後の単語の影響を受けて、これらの要素が変化（「音韻変化」）することがあります。例えば、「よろしくお願いします」という表現は、「良い」と「頼む」という単語の複合語です。それぞれの単語を１つずつ表現する場合と、「よろしくお願いします」と表現する場合では、手の動かし方が異なります。複数の単語を表現するときは、それぞれを区切って表すのではなく、一連の流れの中で滑らかに表現するようにしましょう。読み取るときにも、単語ごとに区切って見るのではなく、単語のつながりによって全体の意味が構成されているということを前提に、見るようにするとよいでしょう。

4 副詞的表情

手話には、手の形や向き、位置、運動方向といった手の動かし方の他にも、手話を修飾するいろいろな要素があります。ここでは、主なものを５つ紹介します。

まゆ、眉間	最もわかりやすいのは、疑問文のときにまゆを上げる動作です。例えば、「行く」という表現をしながら、あごを引き、まゆを上げると、「行く？」と尋ねる表現になります。
あご、首振り	疑問文のときには、まゆ上げと同時にあごの動きを伴います。また、否定文のときには、首を振る動作を伴います。
目	強調するときには、目を見開いたり、細めたりします。例えば、「長い」という表現をしながら目を細めると、「とても長い」というニュアンスを含みます。
手のスピード・動きの回数	手を動かすスピードで、状況を表すことができます。例えば、「雨」を表現する場合、激しく上下させると「土砂降り」に、ゆっくり動かすと「しとしと降っている」になります。また、動きの回数で意味が変わるものがあります。例えば、「東」は１回の動作ですが、同じ動きを２回すると「東京」になります。
動作の溜め	動きを溜めて表現することで、意味を強調することができます。例えば、「黒」と表現するときに最初に溜めを作ると、「真っ黒」という意味を表すことができます。

5 手話の語順

肯定文 「私はコーヒーが好きです。」

私

コーヒー

好き

★強調したいものよって語順が変化することがあります。また、主語を文末で繰り返すこともあります。

否定文 「私は行けません。」

私

行く

できない

★強調したいものよって語順が変化することがあります。また、主語を文末で繰り返すこともあります。

はい・いいえで答えるような疑問文 「熱はありますか?」

体温計

調べる

終わり

あなた?

★文末の「終わり」と「あなた」を表現するときに、まゆを上げ、あごを引き、尋ねる表情をします。

疑問詞を使った疑問文

「あなたの名前は何といいますか?」

★疑問詞は文末にきます。その際、まゆを上げ、あごを引き、指を小刻みに左右に振ります。

あなた

名前

何?

過去形

「去年、大学に合格しました。」

★過去形は、「昨日」「去年」「過去」など過去を表す単語を使って表現します。また、「経験」+「終わり」で「経験した」というように、「終わり」という単語を付けて表現することもあります。

去年

大学

合格

未来系

「明日は雨が降るらしい。」

★未来形は、「明日」「今度」「来年」など未来を表す単語を使って表現します。

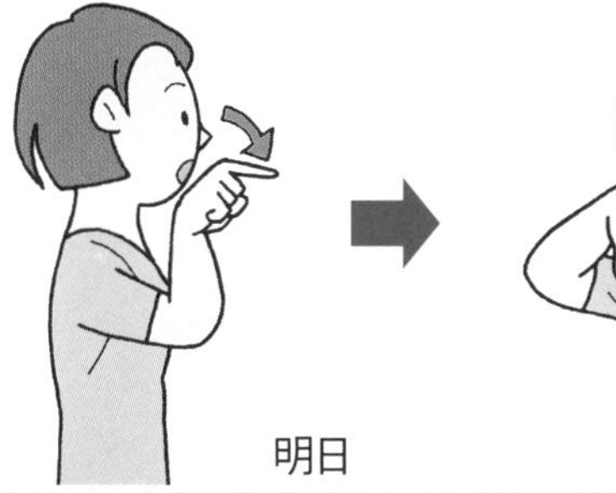

明日

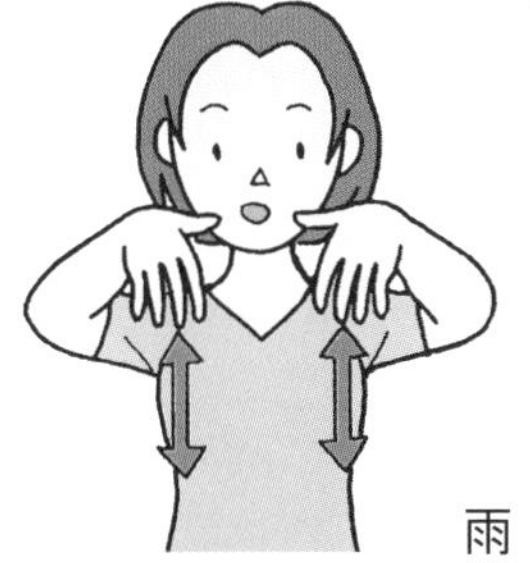

雨

6 手話を学び始める前に

原則として、片手で行う表現は利き手で行います。両手で行う場合は、主として動くほうの動作を利き手で行います。本書のイラストは右利きを前提にしているので、左利きの場合は、左右を逆にして表現してください。また、解説などで「利き手」「非利き手」と説明している場合は、自分の利き手に合わせて表現してください。

手話は視覚言語です。手の動きだけでなく、体全体や空間、表情なども手話の要素です。はじめて手話を学ぶ方は、ついつい手の動きが気になって、手ばかり見て表現してしまうかもしれませんが、それではきちんと意味を伝えることはできないのです。相手と目線をしっかり合わせて表現するよう心がけましょう。

Lesson 1 あいさつ

あいさつは、人と人を結び付ける基本の会話です。出会いのあいさつ、別れのあいさつなど、いろいろな場面があります。また、目上の人、友達、子どもなど、相手に合わせた話し方もあります。先輩に対しては相手を尊重するような、子どもに対しては優しく接するような表現を心がけましょう。

動画内容

SCENE 1　基本会話
SCENE 2　再会
SCENE 3　待ち合わせ
SCENE 4　家族
SCENE 5　別れ

動画で学ぼう

https://youtu.be/6vfPqS4Hwqo

基本会話

こんにちは!
やっといい天気に
なってよかったね!

本当ね!
ずっと雨で
寒かったからね。

やぁ

手のひらの親指側を額の辺りに置いて前に出す。

本当

片手の人差指の側面をあごに当てる。

明るい

手のひらを前に向け交差した両手を左右斜め上へ開き上げる。

雨

指先を下に向けた両手を同時に上下させる。

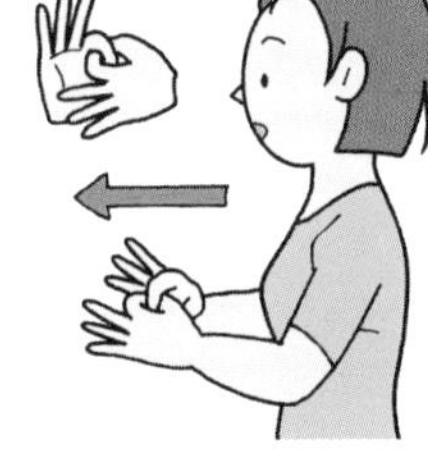

続く

両手の親指と人差指で作った輪をからませて、前に出す。

やっと

手のひらで額をぬぐうように動かし、その手を下に振る。

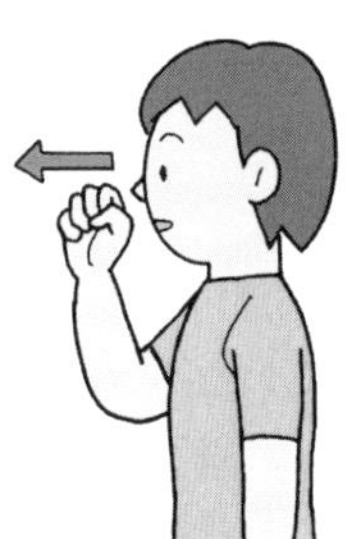

良い

拳を鼻の前に置き、前に向けて出す。

寒い

両手で拳を作り、小刻みに震わせる。

お昼は何が
食べたい？

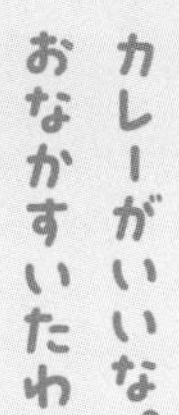

昼

人差指と中指を立てて人差指の側面を額に付ける。

食べる①

手のひらの上で伸ばした人差指と中指を数回すくうように口元に運ぶ。

好き（＝〜したい）

親指と人差指を伸ばしてあごに付け、下ろしながら指先を閉じる。

何？

立てた人差指を左右に数回、振る。

カレーライス

軽く握った拳を口に置き、開きながらやや斜め下に動かす。

良い

拳を鼻の前に置き、前に向けて出す。

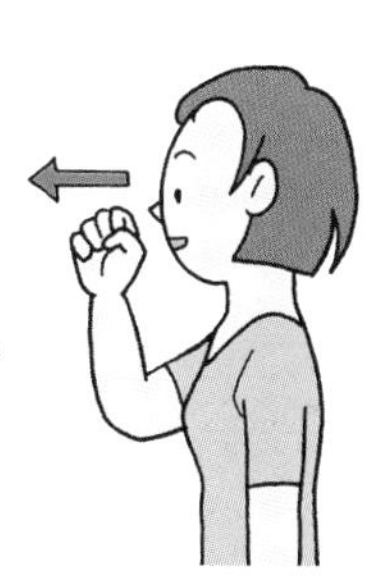

お腹がすく

お腹に当てた手のひらを、内側に弧を描くように動かす。

私

人差指で鼻の辺りを指す。

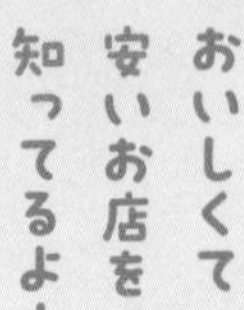

そう

親指と人差指を前方で数回付ける。

行く①

下に伸ばした人差指を前に出しながら、少し上に向ける。

好き（＝〜したい）

親指と人差指を伸ばしてあごに付け、下ろしながら指先を閉じる。

有る？

やや下向きの片手を軽く押さえるように置く。

おいしい②

手と同じ側のほおを手のひらで軽く叩く。

安い

親指と人差指で輪を作った手の小指側を片方の手のひらに向けて下ろす。

商売（＝店）

両手の親指と人差指で作った輪を、交互に前後させる。

わかる（＝知っている）

手のひらを胸に当ててから下ろす。

知ってるの？
行こうよ。
楽しみだね。

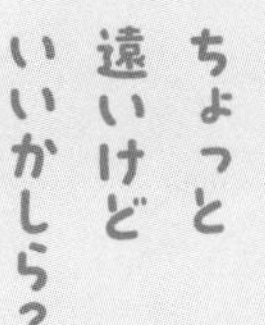

ちょっと
遠いけど
いいかしら？

わかる（＝知っている）

手のひらを胸に当ててから下ろす。

あなた？

相手を人差指で指す。

行く①

下に伸ばした人差指を前に出しながら、少し上に向ける。

楽しい

自分に向けた手のひらを上下に数回交互に動かす。

少ない①（＝ちょっと）

親指の先で人差指の先を弾く。

遠い

親指と人差指を閉じた両手の先を付け、片手だけ山なりに前に出す。

しかし（＝けど）

前方に向けた手のひらを自分の方にひっくり返す。

構わない？（＝いいですか）

小指を立て、あごに付ける。

ここから
どれくらい
かかるの？

ここ

人差指で自分の近くにある物を指す。

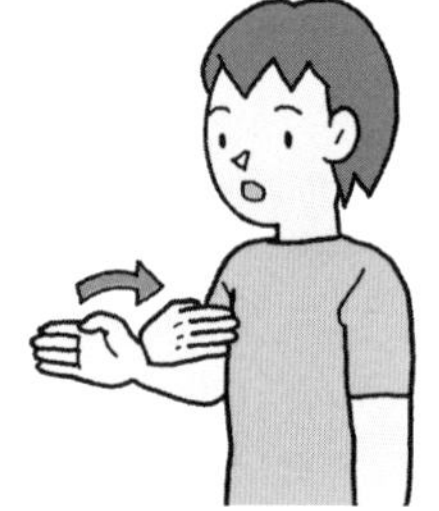

～から

指先を前方に向け、手首を軸に自分側に振る。

時間①

人差指で、片方の手首の甲側をつつく。

いくつ①？

(=どのくらい)

上向きにした手の指を順に折る。

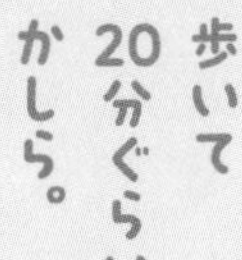

歩く

下向きに伸ばした人差指と中指を交互に動かしながら前に出す。

20分

人差指と中指を曲げて立てた手を、手首で外向きにひねる。

頃 (=くらい)

指をそろえた手の指先を前方に向け軽く左右に動かす。

関連単語　天候に関する表現

曇り
指を少し曲げて向かい合わせた両手を少しひねりながら横に移動する。

雲
向かい合わせた両手の指をふわふわさせながら、左右に引く。

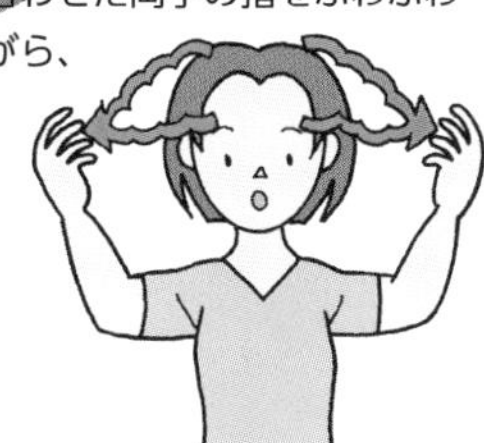

雪
両手の親指と人差指で作った輪をひらひらと下ろす。

雷
親指と人差指を付けた手をジグザグに下ろし、開く。

天気（＝空）
指先を上に向け、頭の前で半円を描く。

地震
上向きの両手のひらを強く前後に同時に動かす。

指差し（場所）

日本語では、「ここ」「そこ」「これ」「あれ」などの指示語はよく使いますね。手話でも同じです。手話の場合は、場所や物や人など、話題に出てくる物を指で指し示すことがよくあります。特に、具体的に目に見えるところにある場合には、その実物を指します。シーン1のように、"ここから…"という場合には、自分の立っている辺りを指します。

ポイント

数字の表し方

数字の表現には、数字そのものとして使う場合と、単位を伴って使う場合（2分、2人など）があります。手話では、「分」という単位は、数字を表したまま手首を外にひねる動作で示すことが多いです。「秒」や「年」などにも、それぞれの表し方があります。一方、単位として独立した表現を持たないものもあります。飛行機2機、馬2頭などがその例で、「飛行機」＋「2」、「馬」＋「2」と表します。「飛行機」や「馬」という表現そのものに単位の要素が含まれているのです。

再会

あらお久しぶり、珍しいですね。お元気ですか？

元気ですよ。本当に久しぶりですね。

あら

手のひらの親指側を額の辺りに置いて手を振る。

久しぶり

親指以外の指の背同士を付けた両手を、左右に離していく。

珍しい

指先を付けた手を目の下の辺りに置き、軽く2～3回指先を開く。

元気？

両手の拳を下に向け同時に軽く下に2回動かす。

元気

両手の拳を下に向け同時に軽く下に2回動かす。

そう（＝本当に）

親指と人差指を前方で数回付ける。

会う②

人差指を立て、前後に向かい合わせた両手を近付け、拳同士を付ける。

久しぶり

親指以外の指の背同士を付けた両手を、左右に離していく。

動きのスピードと強弱、溜め

話し方のスピードや強弱が、感情を伝える役割を持っているのと同時に、手話表現のスピードや強弱も、感情を伝える要素となっています。また、表現に先立って一瞬動作を止めておく“溜め”と呼ばれる表現方法も大切です。シーン2にある「久しぶり」という単語では、この“溜め”やスピードが「久しぶり」の度合いを示します。

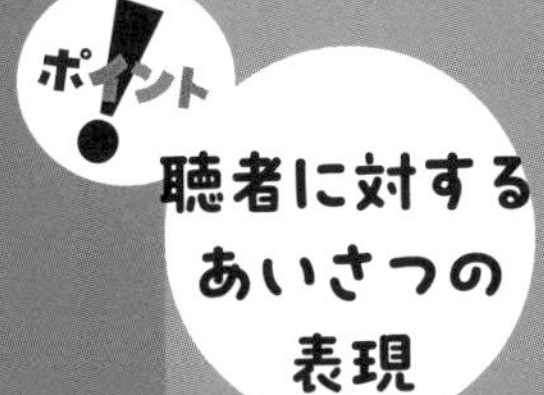

聴者に対するあいさつの表現

手話はろう者の歴史から生まれた言葉です。しかし、日本語を表すために聴者によって作られた単語もあります。例えば、“おはよう”を「朝」+「あいさつ」、“こんにちは”を「昼」+「あいさつ」、“こんばんは”を「夜」+「あいさつ」と表現することがその例です。ろう者同士のあいさつは、初対面でなければ、時間や相手に関係なく、シーン2のように「やぁ」と表現するのが一般的です。ろう者同士の普段の会話では、どのような場面でどのような表現がされているのか、よく見て学ぶとよいでしょう。

豆知識 表情も大切

質問をするときには、尋ねる表情をしましょう。尋ねるときにはまゆを上げるといった動きや、あごの動き（引く、振るなど疑問詞により異なる）が伴います。無表情で「元気？」と尋ねても、再会の喜びは相手に伝わりません。また、心配そうな表情で「元気？」と尋ねてしまうと、相手はどこか具合が悪く見られてしまったのかと感じてしまいます。答えるときも同じです。「元気だよ！」と答えるときには、笑顔で元気よく表現しましょう。手話では、気持ちを表情で表すことがとても大切なのです。

待ち合わせ

遅い

親指と人差指を出した両手を、同時に山なりに横へ動かす。

意味？（＝どうして？）

手のひらの下へ、人差指を手前からもぐり込ませ指先を前へ出す。

ごめんなさい

＜迷惑②＞
眉間をつまむように拳を付ける。

＜頼む＞
その指を伸ばし、前に出す。

心配

指を軽く曲げた両手を上下に体に付けて、体ごと小刻みに揺らす。

私

人差指で鼻の辺りを指す。

電車②

軽く曲げた人差指と中指を伸ばした人差指と中指の下に付け前に出す。

交通事故

両手の指先を向かい合わせ近付け、ぶつけた後、はね上げる。

関連単語　乗り物に関する表現

バス

親指と人差指を伸ばして、向かい合わせ、同時に前に出す。

タクシー

指先を付けた親指・中指・薬指を離しながら前に出す。

自転車

両手の拳を、左右で交互に数回回す。

トラック

上向きの拳を左右に置き軽く交互に前後させる。

JR

親指と人差指でL字型を作り、中指を人差指に重ねて体の前に出す。

新幹線

指を曲げた手を顔の前に置き、少し前方に出す。

地下鉄

手のひらの下で、指先を前に向け縦にした手を前方に出す。

渋滞

親指と他の四指を離した両手を前後に並べ、片手を後方へ動かす。

パンク

指を伸ばして並べて置いた両手を、同時に閉じ、指先を付ける。

豆知識　便利な携帯電話

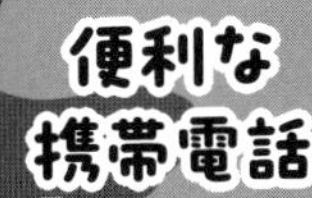

携帯電話のない時代、ろう者は、待ち合わせに遅れる際の連絡をするのが大変でした。聴者のように公衆電話を使うわけにもいかず、見ず知らずの人に電話をお願いしようにも手話が通じませんでした。伝えたい用件を紙に書いてなんとか伝えてもらったりしていたのです。でも、今はテレビ電話やメールで直接連絡ができるので、ずいぶん楽になりました。

家族

やぁ（＝ただいま）

手のひらの親指側を額の辺りに置いて前に出す。

大変（＝お疲れ様）

拳で、片方の手首の甲側を２回叩く。

今

下向きの両手のひらを同時に少し下げる。

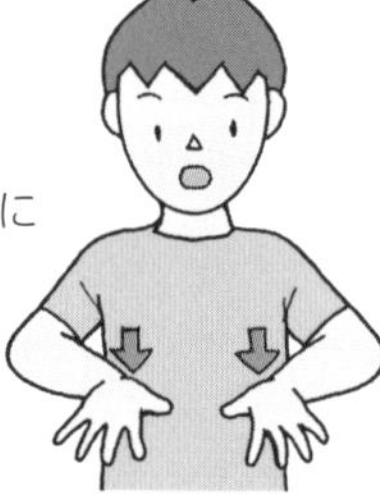

忙しい

両手の指先を下向きに曲げて交互に水平に回す。

とても

親指と人差指を伸ばし、親指を上にしてひじの方に動かす。

今

下向きの両手のひらを同時に少し下げる。

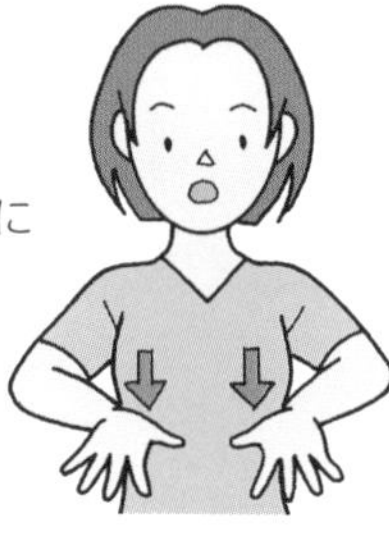

風呂①

拳の指側で、手と逆側の胸をこする。

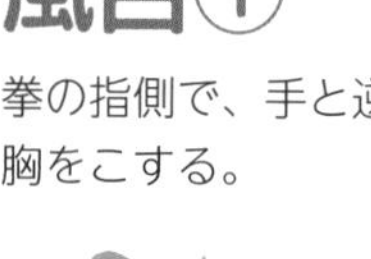

オーケー

親指と人差指で輪を作り、少し前に出す。

関連単語　感情に関する表現

楽
手の甲に親指と人差指を付けた手を置き、同時に上げる。

感動
すぼめた手を顔の横で軽くひねりながら上げていく。

青ざめる
指を軽く曲げた両手の指先をほおの横に沿わせてゆっくり下ろす。

苦しい①
指を曲げた手を体に付けたまま回す。

怒る
指を曲げ腹に当てた両手を、同時に勢いよく上げる。

厳しい
手の甲を反対の手でつねるように動かす。

寂しい
四指をそろえて親指と離した状態から、胸に付けて閉じる。

恥ずかしい
鼻に付けた手をすぼめつつ前に出す動作を繰り返す。

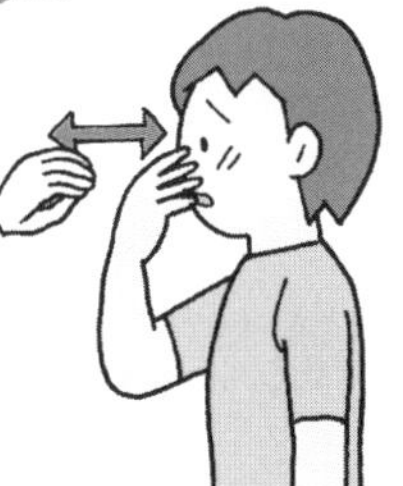

顔が赤らむ
人差指で唇をなぞってから指をそろえ、手のひらを顔に向けて円を描く。

「オーケー」は、疑問文に対して"いいよ""大丈夫"と答えるだけでなくいろいろな場面で使います。シーン4のように、「風呂①」＋「オーケー」でお風呂の準備がオーケー、つまり"お風呂が沸いている"という意味になります。「～オーケー？」と尋ねる場合は、"～でいい？""～で大丈夫？"という意味になります。ただし、これはくだけた表現なので相手や状況に応じて使うようにしましょう。

別れ

やあ（＝じゃあ）

手のひらの親指側を額の辺りに置いて前に出す。

帰る

指先をすぼめながら前方に出し、指先を付ける。

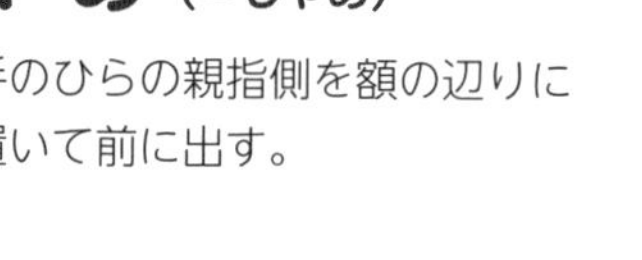

気を付ける

両手を胸の前で上下に置き、握りながら胸に付ける。

頼む

（＝～して下さい）

指をそろえて手を立て、拝むように前に出す。

わかる

手のひらを胸に当ててから下ろす。

また

軽く握った手から人差指と中指を伸ばしながら、少し横に倒す。

会う②

人差指を立て、前後に向かい合わせた両手を近付け、拳同士を付ける。

さようなら

片手を広げ、軽く左右に振る。

関連単語　行き来に関する表現

来る①
人差指を立てて、指の腹を自分に向けて引く。

行く②
立てた人差指をやや山なりに前に出す（丁寧な表現）。

異動
親指だけ立てた両手を、手が交差する状態まで水平に移動させる。

別れる
軽く曲げた指の背側を付けてから左右に離す。

出かける
斜めに置いた手の下で、前に払うように片方の手を出す。

訪れる
親指を立て垂直に体の前に置いた手を、斜めにした手のひらの下に入れる。

ガイド
手のひらを、片方の手で軽くつかみ前方に引く。

いらっしゃいませ
上向きの両手のひらを斜め前から手前に引く。

帰ってくる
指先をすぼめながら自分の方に引き、指先を付ける。

「帰る」の方向性

シーン5の「帰る」では、手前から前方への動きを表すことで、向こうに帰ることを意味しています。別の表現として体の前方から体に向かって動かす表し方があります。これは向こうからこちらに帰ってくることを表しています。日本語の「帰る」には、方向は関係ありませんが、手話の「帰る」は帰る方向によって使い分けることができ、視覚言語らしさを知ることができます。

すぐに使える手話フレーズ

はじめてのあいさつ

　ここでは、質問の仕方に注目してみましょう。疑問文では、「〜は何？」というように、疑問詞が文末にくるのが基本です。例えば、“何が食べたい？”と尋ねる場合は「食べたいのは何？」という語順になるのが一般的です。“どこへ行きたい？”は「行きたい場所はどこ？」、“お名前は何といいますか？”は「名前は何？」と表現します。また、まゆが上がる、あごが引き気味になるなどの動きのある表情にも注目してみてください。

名前は何？

名前①

手のひらに、立てた親指の腹を当てる。

何？

立てた人差指を左右に数回、振る。

　手話での会話における重要なポイントの１つは、相手の目を見て話すことです。目を見て質問し、目を見て答えましょう。目を逸らすという行為は、考え中であることや、そのときの様子を振り返っている状態などを意味している場合があります。手話を学び始めたばかりの人は、つい自分の手の動きが気になって視線が落ちてしまいがちなので、意識して目を合わせるようにしましょう。

Lesson 2 自己紹介

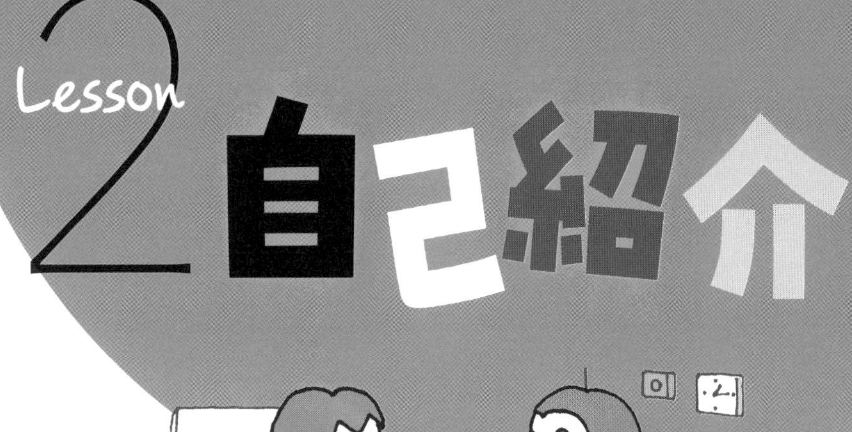

聴者とろう者では、自己紹介に関して大きな違いがあります。初対面の場合、聴者は名前や出身地くらいしか話しませんが、ろう者は自分のことや家族のことなどなんでも話します。同じような感覚で、聴者に対しても立ち入った質問もしてきますが、気にせず親しく会話しましょう。

動画内容

SCENE 1　基本会話
SCENE 2　学校
SCENE 3　人の紹介
SCENE 4　家
SCENE 5　年齢

動画で学ぼう

https://youtu.be/PtYFqL6lG8c

基本会話

初めまして

下向きの手の上で、手のひらを上げながら人差指以外の指を閉じる。

人差指を立て、前後に向かい合わせた両手を近付け、拳同士を付ける。

佐々木

肩の上に置いた拳を、斜めに上下させる。

私

人差指で鼻の辺りを指す。

砂糖（＝佐藤）

手のひらを手前に向け口元で回す。

私

人差指で鼻の辺りを指す。

よろしくお願いします

拳を鼻の前に置き、前に向けて出す。

指をそろえて手を立て、拝むように前に出す。

私は札幌から
来ました。
あなたは？

私は
京都です。

私

人差指で鼻の辺りを指す。

札幌

両手の指を開いた手のひらを重ね、上の手のひらを２回引く。

来る②

前に向けた人差指を自分の方に振る。

あなた？

相手を人差指で指す。

私

人差指で鼻の辺りを指す。

京都

両手の伸ばした親指と人差指を左右に置き、２回下げる。

今ページの「来ました」は自分が来る場合、次ページの「いらしたら」は相手が来る場合です。自分が来る場合は人差指は下を向いていますが、年上の人などが来る場合は敬った表現として人差指を上に向けます。

いいですね。
お寺巡りとか
してみたいものです。

良い

拳を鼻の前に置き、前に向けて出す。

寺

立てた手の横で、伸ばした人差指を前に２回振る。

探す（=巡り）

親指と人差指で輪を作り、目の辺りで数回円を描く。

好き（=～したい）

親指と人差指を伸ばしてあごに付け、下ろしながら指先を閉じる。

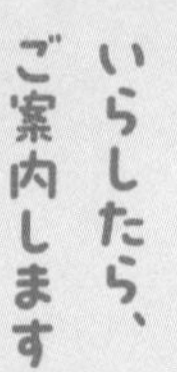

いらしたら、
ご案内しますよ。

来る①

人差指を立てて、指の腹を自分に向けて引く。

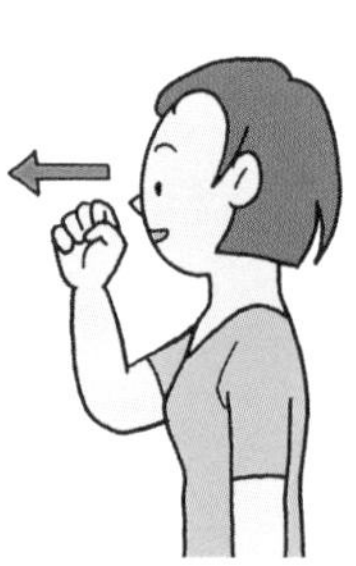

良い

拳を鼻の前に置き、前に向けて出す。

ガイド（=案内）

手のひらを、片方の手で軽くつかみ前方に引く。

やる

拳を作った両手を同時に前に出す。

是非お願いします。
いつ頃が
よいでしょうか？

是非

両手の指を曲げて上下にしっかりと組み合わせる。

(＝お願いします)

指をそろえて手を立て、拝むように前に出す。

いつ

甲を前に向け上下にした両手の指を折る。

拳を鼻の前に置き、前に向けて出す。

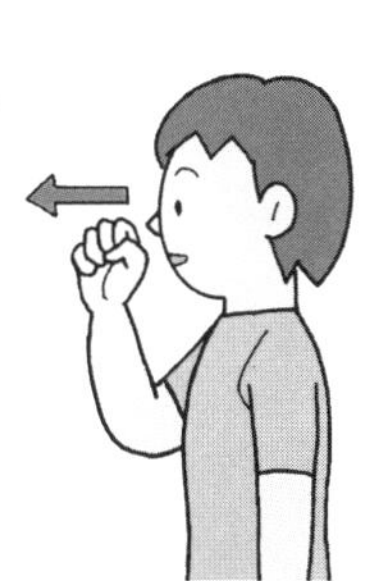

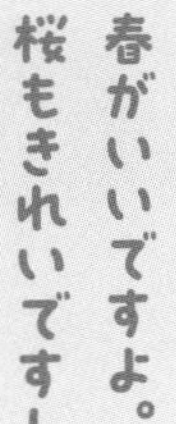

春

手のひらを自分に向けた両手を、ゆっくり同時に下からあおぎ上げる。

最高

下向きにした手のひらに、片方の手を下から上げて指先を当てる。

桜

両手を向かい合わせ、手首を打ち付け、ひねってもう一度打ち付ける。

美しい

手のひら同士を上下に重ね、上の手を横へ滑らせるように動かす。

楽しみです

自分に向けた手のひらを上下に数回交互に動かす。

親指以外の四指を曲げ、指先をあごの下に付ける。

約束（=必ず）

両手の小指をからませる。

行く①

下に伸ばした人差指を前に出しながら、少し上に向ける。

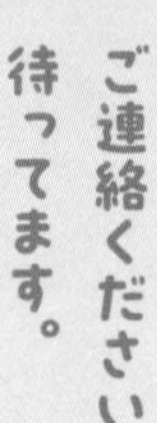

連絡をもらう

両手の親指と人差指で作った輪を、鎖のようにつなげて手前に引く。

頼む

（=お願いします）

指をそろえて手を立て、拝むように前に出す。

待つ

親指以外の四指を曲げ、指先をあごの下に付ける。

私

人差指で鼻の辺りを指す。

北海道

両手の人差指と中指を伸ばして、中指同士を付ける。

斜め下に引いてから近付け再度中指を付ける。

岩手①

指を曲げた手のひらを頭の上に置き、頭に沿って後ろに下げる。

秋田

指を軽く曲げ手のひらを上に向けた手の甲に立てた親指を付ける。

奈良

親指と人差指で輪を作り、肩の前と脇の前に置く。

大阪

人差指と中指を曲げて額の横に置き、２回額の横に当てる。

兵庫

両手の拳を上下に重ねて片方の胸に２回当てる。

岡山

軽く握った両手を胸の前で交差させる。

パッパッと２回程手を開く。

福岡

指を軽く曲げた手を腹の前に置き、外側に引く。

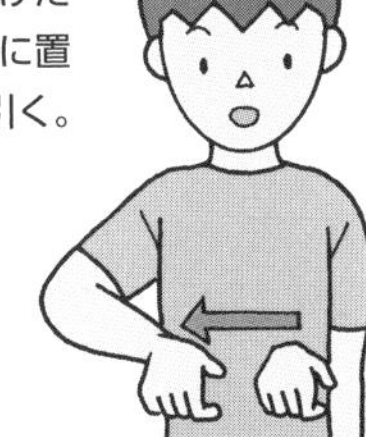

鹿児島

伸ばした人差指・中指・薬指を、顔の横で手首をひねりながら上げる。

沖縄

伸ばした人差指と中指を顔の横でひねりながら上げ、片方は口の辺りでひねりながら下げる。

学校

砂糖（＝佐藤）

手のひらを手前に向け口元で回す。

母

人差指をほおに当て、斜めに上げながら人差指を折り小指を立てる。

息子

立てた親指を、腹の前から下げながら前に出す。

助けられる（＝お世話になる）

親指を立てた手の甲を、横にした片方の手で叩きながら手前に引く。

責任（＝担任）

指を軽く曲げて手のひらを自分に向けた手を肩に付ける。

山口

指を伸ばして斜め下に向け、上向きに弧を描く。

親指と人差指で円を作り、口の前に置く。

私

人差指で鼻の辺りを指す。

関連単語

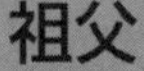

祖父

人差指をほおに当て斜めに上げ、親指を曲げた拳を軽く上下させる。

祖母

人差指をほおに当て斜めに上げ、小指を曲げた拳を軽く上下させる。

子ども

手のひらを下に向け、なでるように小さく円を描く。

兄

拳の中指だけ立て1回上げる。

弟

拳の中指だけ立て2回下げる。

男

親指を立てた拳を出す。

姉

拳の小指だけ立て1回上げる。

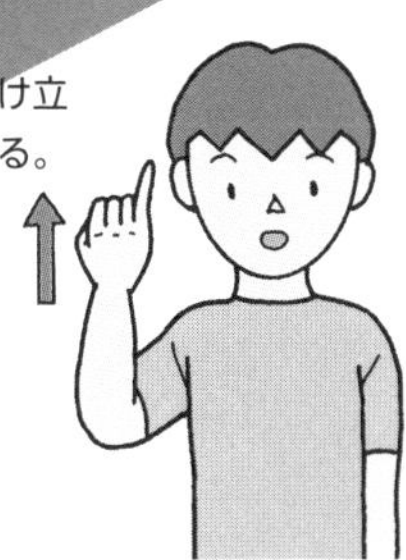

妹

拳の小指だけ立て2回下げる。

女

小指を立て、甲を前方に向けた拳を出す。

豆知識 家族を表す場合の手の位置

自分の祖父母を表現する場合は頭の横で表現し、血のつながっていないお年寄りについて表現する場合は体の前で表現します。また、母の妹である"叔母さん"を表現したい場合は、「母」を表現した位置で「妹」の表現を続けます。「母」と表現した後、手の位置を戻して体の前で「妹」と表すと、"母と妹"という表現と区別がつかなくなるので注意しましょう。

人の紹介

あちらは私の先輩の加藤さんです。

こちらは後輩で、一緒に仕事をしています。

それ

人差指で本人（先輩）を指す。

私

人差指で鼻の辺りを指す。

先輩

指先を横に向けて軽く指を曲げた手を少し弧を描きながら上げる。

加藤

人差指だけ伸ばした両拳をずらして置き、同時に斜め前下に出す。

それ

人差指で本人（後輩）を指す。

後輩

下向きの手のひらを前に出しながら下ろす。

仕事

両手のひらを上に向け、外から内側に数回寄せる。

一緒

人差指を伸ばした両手を左右から水平に付ける。

関連単語

同期

体の前で両手のひらを前後から寄せて親指側と小指側を２回付ける。

敵

人差指と小指を立て他三指を付けながら斜め前と後ろに離す。

仲間

両手を組んで水平に円を描く。

恋愛

人差指を伸ばし両脇から指先を下に向け胸の前で指先を交差させる。

夫婦

親指と小指を立てて、手首を２回程ひねる。

部下

親指を立てた拳の中腹に、親指を立てた拳を横から当てる。

彼氏

親指を立てた拳を体の近くから少し横へ動かす。

彼女

小指を立てた拳を体の近くから少し横へ動かす。

大物

立てた親指を、片方の親指と人差指で何度か弾く。

名前の表し方

人名の表現にはいろいろな方法があります。シーン３のように、漢字の「加藤」とは何も関係がないものもあります。歴史上の人物「加藤清正」がやりの名人だったので、やりで突く姿からこのように表します。自分の名前を指文字で表してもよいのですが、このように一般化している表現を利用したほうがわかりやすい場合もあるのです。

家

あなたのご両親は、どこにお住まいですか？

両親は上野に住んでいます。

両親

人差指をほおに当て斜めに上げ指を折り、親指と小指を立てる。

家

指を伸ばし斜めにした両手の先を付け合わせる。

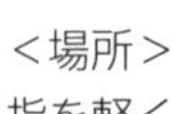

どこ？

<場所>
指を軽く曲げた手を下向きにし、置くように少し下げる。

<何>
立てた人差指を左右に数回、振る。

両親

人差指をほおに当て斜めに上げ指を折り、親指と小指を立てる。

上野

拳を額に当て、手首を折って2回下げる。

居る（=住む）

向かい合わせた両手拳をひじから下げるように同時にぐっと下ろす。

関連単語

地名の表現

新宿

人差指と中指を曲げた両手を向かい合わせ、弧を描いて小指側で合わせる。

函館

指を曲げた両手を上下に向かい合わせて上の手を下の手に２回程かぶせる。

仙台

親指と人差指の先を付けて頭の前に置き、弧を描きながら離して付ける。

千葉

親指と人差指を伸ばし、親指の中ほどに伸ばした人差指を当てる。

宇都宮

片方の筒状の手の親指側に、曲げた人差指と中指を２回乗せる。

池袋

親指と人差指を付け少し出した両手を、手首を軸に同時に小さく前に回す。

横浜

伸ばした人差指と中指をほおに付け、２回ほおに沿って前に出す。

熱海

人差指・中指・薬指を立てた手を片方の手のひらに横から２回当てる。

神戸

親指と人差指で輪を作り額の前に置き、引く。

「何？」の口型

「何？」という単語は、「どこ？」と尋ねたいときにも使うことができます。場所を尋ねるときに「場所」＋「何？」と表現したり、出身地を尋ねるときには、「家」＋「何？」と表現したりします。「～はどこ？」と尋ねるときは、「何？」の口型は＜お＞の形になります。一方、「～は何？」と尋ねるときには口型は＜い＞の形になるので注意しましょう。

年齢

娘

立てた小指を、腹の前から下げながら前に出す。

あなた？

相手を人差指で指す。

いくつ②（＝歳）

あごに手のひらの親指側を付け、指を順に折る。

いくつ①

上向きにした手の指を順に折る。

今

下向きの両手のひらを同時に少し下げる。

12

人差指を曲げ、伸ばすと同時に中指も伸ばす。

中②

親指と人差指を近付けた手の上に、伸ばした人差指を乗せる。

一

人差指を横に伸ばし、他指は握る。

関連単語　教育に関する表現

保育園

<世話>
両手を向かい合わせ、親指側を少し開き、交互に数回上下させる。

<場所>
指を軽く曲げた手を下向きにし、置くように少し下げる。

成績

両手の人差指を立て、片方の手を上下させながら横に離していく。

幼稚園

手のひらを組み替えて２回手を叩く。

指を軽く曲げた手を下向きにし、置くように少し下げる。

学生

指先を軽く曲げた両手を体に付け、片手は上げ、片手は下げる。

小学校

<小>
立てた人差指をはさむように片方の人差指と中指を出す。

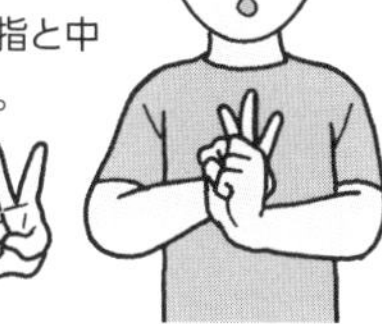

<勉強>
両手のひらを顔に向けて並べ、軽く１、２回前に出す。

欠席

人差指と中指を曲げ、片方の人差指と中指を軽く伸ばした手に乗せてから手首を返して離す。

豆知識　学校

ろう学校は、学校教育法上は特別支援学校の１つであり、その教育課程には、幼稚部、小学部、中学部、高等部、専攻課などがあります。手話で表す場合には、「部」は指文字の「ぶ」で表します。例えば、小学部は「小」＋「勉強」＋指文字「ぶ」という表現になります。

すぐに使える手話フレーズ

ろう者とのあいさつ

手話を学び始めた頃はろう者とどう接してよいかわからず、初対面のあいさつは苦手と感じる人も多いでしょう。聴者のしゃべり方が人によって違うように、ろう者の手話も百人百様です。手話は単語を覚えることも大切ですが、どのように会話するかを知ることがより大切です。そのためにも、たくさんのろう者とお話をしてみましょう。

ねえ、あなたはろう者？

呼ぶ

手のひらを前に向け、呼び込むように手を倒す。

あなた

相手を人差指で指す。

ろう者①

耳に手のひらを当ててから、口に当てる。

自己紹介のきっかけ

初めて会ったろう者から「ねぇねぇ、あなた、聴者？」と話しかけてくる場合もあります。そのときは「はい、聴者です。今、手話を勉強中なの」などと答えましょう。初めて会うろう者に声をかける場合、明らかにろう者だとわかっていても「ねぇ、あなた、ろう？」と聞いて構いません。それから、「初めまして」と会話を続け、名前や住んでいる所、家族などの話をしていきましょう。

Lesson 3 買い物

ろう者と友達になると、一緒に出かける機会もあるでしょう。手話を学び始めた頃は、自分の手話は相手に通じないのではないかと心配のあまり、ろう者からの遊びの誘いに気が重くなるかもしれません。しかし、あまり心配せず気軽に誘いに応じてみましょう。買い物などは、雰囲気で通じるものなのです。

動画内容

SCENE 1　基本会話
SCENE 2　プレゼント
SCENE 3　洋裁
SCENE 4　セール
SCENE 5　ローン

動画で学ぼう

https://youtu.be/cimCSuq92jI

基本会話

買い物に
行くところだけど、
一緒に行かない？

どこに行くの？
暇なの。

使う（=買い物）

手のひらの上に、親指と人差指で作った輪を乗せて数回、前に出す。

行く①

下に伸ばした人差指を前に出しながら、少し上に向ける。

一緒

人差指を伸ばした両手を左右から水平に付ける。

行く①？

下に伸ばした人差指を前に出しながら、少し上に向ける。

どこ？

<場所>
指を軽く曲げた手を下向きにし、置くように少し下げる。

<何>
人差指を立てて左右に数回、振る。

暇

両手のひらを上向きにして、だらんと左右へ同時に下ろす。

私

人差指で鼻の辺りを指す。

銀座

甲を上に向け軽く握った両手をパッパッと開きながら前に出す。

行く①

下に伸ばした人差指を前に出しながら、少し上に向ける。

思う

伸ばした人差指の先をこめかみ辺りに付ける。

私

人差指で鼻の辺りを指す。

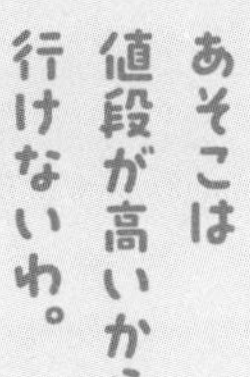

銀座

甲を上に向け軽く握った両手をパッパッと開きながら前に出す。

（値段が）高い②

親指と人差指で輪を作り、上げる。

いいえ

立てた片手を左右に振る。

できない

親指と人差指でほおをつねるように動かす。

ブラブラしてから
上野に行こうよ。

浪人（=ブラブラする）

伸ばした人差指と中指を下に向け、数回小さい円を描く。

未来（=～のあと）

手のひらを前方に向け、そのまま前に出す。

上野

拳を額に当て、手首を折って２回下げる。

行く①

下に伸ばした人差指を前に出しながら、少し上に向ける。

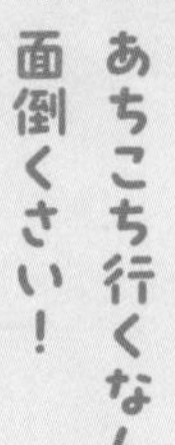

行く②

立てた人差指をやや山なりに前に出す（丁寧な表現）。

行く②

立てた人差指をやや山なりに１回目と方向を変えて前に出す（丁寧な表現）。
※異なる向きに２回することで「あちこちに行く」となる。

大変（=面倒）

拳で、片方の手首の甲側を２回叩く。

私

人差指で鼻の辺りを指す。

いいよ、じゃあ1人で行くよ！

構わない

(＝いいよ)

小指を立て、あごに付ける。

な～んだ②

前に向けた両手のひらを、同時に前に倒す。

自分 (＝1人で)

体に付けた人差指を前に弾く。

行く①

下に伸ばした人差指を前に出しながら、少し上に向ける。

何かおごってくれるなら行ってもいいわ。

おごってもらう

手のひらの上で、親指と人差指で輪を作り、同時に手前に引きつつ指を開く。

あなた

相手を人差指で指す。

一緒

人差指を伸ばした両手を左右から水平に付ける。

構わない

(＝いいよ)

小指を立て、あごに付ける。

ムカつく

胸に付けた手のひらを少し持ち上げながら手首を返す。

構わない

(＝いいよ)

小指を立て、あごに付ける。

食べる①

(＝食事)

手のひらの上で伸ばした人差指と中指を数回すくうように口元に運ぶ。

おごる

親指と人差指で輪を作り、前方に投げ出しながら指を開く。

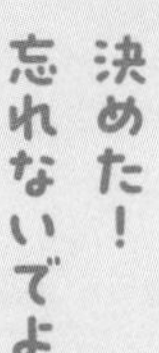

オーケー

親指と人差指で輪を作り、少し前に出す。

楽しい (＝嬉しい)

自分に向けた手の平を上下に数回交互に動かす。

忘れる

軽く握った手を頭の脇に置き、指先を開きながら斜め後ろに上げる。

いいえ (＝〜しない)

立てた片手を左右に振る。

関連単語　質問に関する表現

どちら

両手の人差指を立てて向かい合わせ、交互に数回、上下させる。

どうやって

親指と小指を伸ばし、小指を下に親指を鼻に付ける。

質問

手のひらを顔の横から前に下ろす。

頼まれる

立てた手の小指側を自分に向けて倒す。

いくら（＝値段）

親指と人差指で作った輪を小さく振る。

上向きにした手の指を順に折る。

豆知識　「いい」の使い方

相手に賛成する場合には、“それ、いいね！”という積極的な答え方と、“構わないよ”という気軽な答え方がありますね。どちらも、日本語では“いいよ”と言いますが、手話では「良い」と「構わない」をきちんと区別して使います。使い間違えると誤解の原因になることもあるので、上手に使い分けましょう。また、手話の「構わない」が持つ意味は日本語よりも幅広く、“歓迎する”という意味を表すこともあります。

プレゼント

母へのプレゼントなんだけど、喜んでくれるものが何か考えているんだ。

母

人差指をほおに当て、斜めに上げながら人差指を折り小指を立てる。

楽しい(=喜ぶ)

自分に向けた手のひらを、上下に数回交互に動かす。

プレゼント

手のひらの上方で親指と人差指を付け、同時に前に出す。

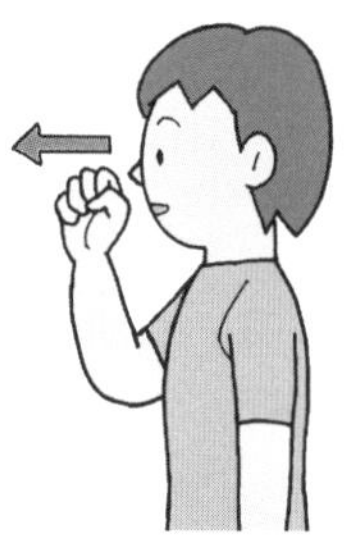

良い

拳を鼻の前に置き、前に向けて出す。

何

立てた人差指を左右に数回、振る。

考える

人差指を立ててこめかみの辺りに付け、2～3回ねじる。

中②

親指と人差指を近付けた手の上に、伸ばした人差指を当てる。

私

人差指で鼻の辺りを指す。

いや、
考えなくて
いいんじゃない。
探していれば
見つかるんだから、
それを買えば
いいわよ。

いいえ

立てた片手を左右に振る。

考える

人差指を立ててこめかみの辺りに付け、2～3回ねじる。

不要

脇辺りに指先を付けた両手を払うように前に出す。

あなた

相手を人差指で指す。

探す

親指と人差指で輪を作り、目の辺りで数回円を描く。

発見

曲げた人差指と中指の指先を顔に向けて置き、斜め上に素早く上げる。

買う

親指と人差指で作った輪を前に出すと同時に片方の手を手前に引く。

良い

拳を鼻の前に置き、前に向けて出す。

scene 3

洋裁

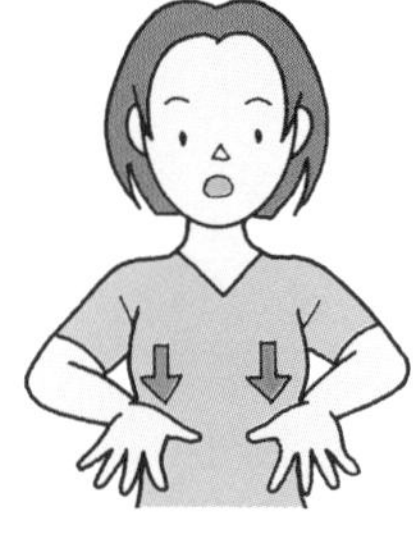

今

下向きの両手のひらを同時に少し下げる。

スカート

両手の人差指で台形を描く。

縫う

親指と人差指を付けて上下させながら片方の手に寄せる。

計画（＝～するつもり）

下向きの手のひらの小指側に片方の手を当て、指先の方向に動かす。

広まる（＝流行の）

下向きの両手のひらを、指を広げながら左右に広げつつ前に出す。

色

すぼめた両手の指先同士を付けて互い違いにねじる。

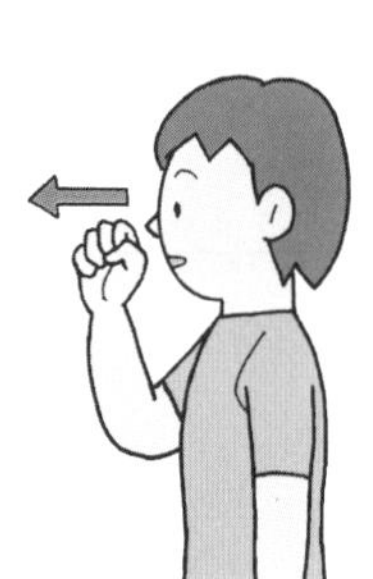

良い

拳を鼻の前に置き、前に向けて出す。

あなた

相手を人差指で指す。

衣服に関する表現

背広

両手の親指を立てて、背広のえりをなぞるように動かす。

ワイシャツ

両手の親指と人差指を開いて肩の前に置き、指を付けながら下げる。

ズボン

下向きに伸ばした両手を向かい合わせ下げ、場所を横に移してもう一度繰り返す。

ネクタイ

人差指と中指を伸ばし、指先をのど元に付けてから下ろす。

帽子①

すぼめた手を額の前に置き下げる。

帽子②

すぼめた両手を顔の横に置き、そのまま少し下げる。

下着

手の内側に、片方の人差指を上から差し入れる。

親指以外の四指を握った両手を肩の前に置き、手を近付けながら下げる。

靴

下向きの手のひらの手首の下から拳を自分の方に引き上げる。

手袋

開いた手のひらに沿って、拳を手首に向かって滑らせる。

傘

拳の下に片方の拳を付け、上の拳を上げる。

着物

手のひらを自分に向け、交互にえり元で重ねるようにする。

セール

このお店は今日から50％オフセールでお得よ！

商売（＝店）

両手の親指と人差指で作った輪を、交互に前後させる。

それ

人差指でお店を指す。

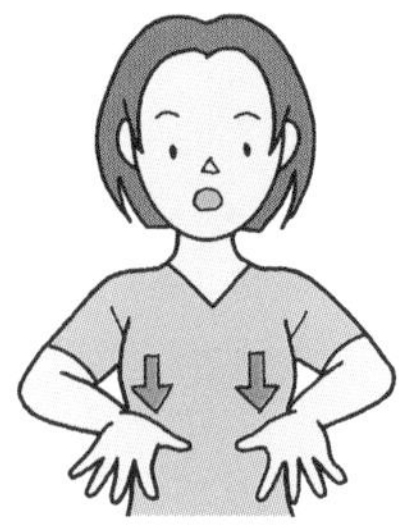

今

下向きの両手のひらを同時に少し下げる。

～から

指先を前方に向け、手首を軸に自分側に振る。

下げる

両手の人差指を立て、上から下へ斜めに動かす。

50

親指を立ててから折り、他の指は握る。

パーセント

丸めた指の小指側を前に向け、指を伸ばした後、斜めに下げる。

節約（＝お得）

自分に向けた手のひらに、曲げた人差指を付けて両手とも手前に引く。

本当だ！
不景気な
ときには
助かるね。

本当

片手の人差指の側面をあごに当てる。

運営（＝経済）

両手の親指と人差指で作った輪を上下に置き水平に交互に回す。

下がる

下向きの手のひらを指先方向の斜め下へと下げていく。

[～の] 時

人差指と親指を伸ばし立てた手のひらに親指を付けて人差指を前に倒す。

助かる

親指を立てた手を一度だけすくうようにポンと手前に叩く。

とても

親指と人差指を伸ばし、親指を上にしてひじの方に動かす。

ホッとする

人差指と中指の先を鼻に向けた手を斜め前方に下ろす。

私

人差指で鼻の辺りを指す。

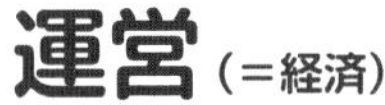

ローン

車

両手を軽く握り、車のハンドルを動かすようにする。

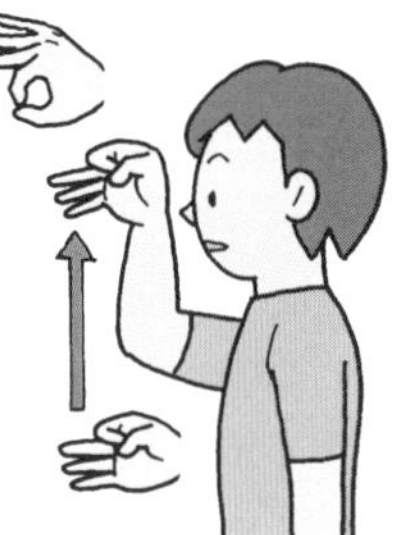

(値段が) 高い②

親指と人差指で輪を作り、上げる。

ローン

人差指に、片方の人差指を当て、指先に向かって数回動かす。

構わない？
(＝いいですか)

小指を立て、あごに付ける。

いいえ

立てた片手を左右に振る。

まとめる

左右に広げた両手を握りながら縦に並べ、少し上げる。

好き (＝～したい)

親指と人差指を伸ばしてあごに付け、下ろしながら指先を閉じる。

私

人差指で鼻の辺りを指す。

現金

片手の人差指の側面をあごに当てる。

親指と人差指で作った輪を小さく振る。

クレジット

親指と人差指でカードを持って読み取り機を通すように手前に引く。

貯金

手のひらの上に拳を置いて上げる。

返す

上向きの両手のひらを弧を描いて前に出す。

保障

開いた手のひらの上に、指を開き曲げた手を乗せる。

契約

上に向けた両手のひらを交差させ、すぼめながら左右に引く。

指先を付けた両手を下に向け、少し持ち上げ、判を押すように下ろす。

土地

両手を胸の前に置き、指先をこする。

マンション

親指を除く四指を伸ばして鼻の下に置き、ひじの方に水平に動かす。

向かい合わせた手のひらを同時に上げ、人差指側を中央で付ける。

アパート

手のひらの上で、片方の手の小指側を垂直に当てながら横へ動かす。

すぐに使える手話フレーズ

誘い方

　買い物に友達を誘うとき、“一緒に行こうよ”と誘う場合には、「あなた」＋「一緒」＋「行く？」と表現してもよいですし、「あなた」＋「一緒」＋「どう？」でもよいでしょう。「あなた」＋「一緒？」という表現は、単語だけ見ると、後の言葉が抜けているように感じるかもしれませんが、「行く？」や「どう？」といった、誘っているような表情を含めることによって“一緒に行こうよ”と意味にすることもできます。文末にあごを引く動作か、目を見開く動作を入れることで疑問文になります。

一緒に行こうよ。

あなた

相手を人差指で指す。

一緒

人差指を伸ばした両手を左右から水平に付ける。

行く①？

下に伸ばした人差指を前に出しながら、少し上に向ける。

Check　誘われたときの断り方

　誘いを断るときには、聴者同士の場合、“また今度ね”などとあいまいな断り方をします。しかし、ろう者との会話では、嫌なら嫌とはっきりと断るようにしましょう。ろう者にとっては、気持ちを察しなければならないあいまいな言い方よりも、はっきりした言い方のほうがわかりやすく、好まれます。聴者にとってはちょっとキツイ言い方のようでも、失礼にはならないので大丈夫です。

Lesson 4 学校

大学の手話サークルなどは、大学に通う同世代のろう者と友達になれる良い場所です。また、幼稚園などではろう者の親と出会うかもしれません。ろう者にはなかなか情報が入ってこないので、そのようなときには子どもたちから聞いた幼稚園の様子などを積極的に話してあげてください。

動画内容

SCENE 1　基本会話
SCENE 2　時間
SCENE 3　通学
SCENE 4　進学
SCENE 5　就職

動画で学ぼう

https://youtu.be/eihLEpQGf_o

基本会話

僕は大学に通っているよ。

去年合格したんだって？

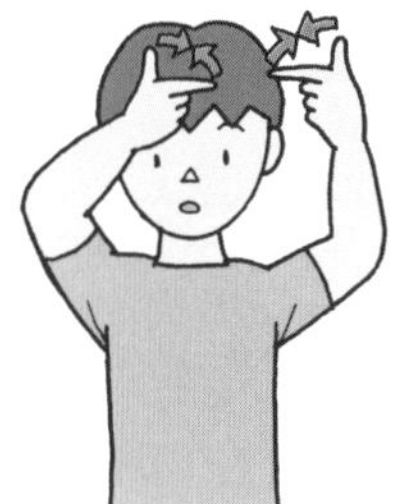

大学

親指と人差指を伸ばして頭の斜め前後に置き、指を閉じる。

指をいったん開いて反対の斜め前後に置き、指を閉じる。

通う

親指を立て水平に前後に動かす。

中②

親指と人差指を近付けた手の上に、伸ばした人差指を当てる。

去年

伸ばした人差指で、拳の上を叩く。

人差指を上に向けながら甲を前にして肩の辺りに上げる。

合格

下向きの手のひらの手前に指先を上に向けた手を置き垂直に上げる。

同じ？

（＝～でしょ？）

両手の親指と人差指を同時に２回、付けたり離したりする。

東京にある
小さな学校だよ。

東京

親指と人差指を伸ばした両手を同時に２回上げる。

それ

人差指で「東京」と表した辺りを指す。

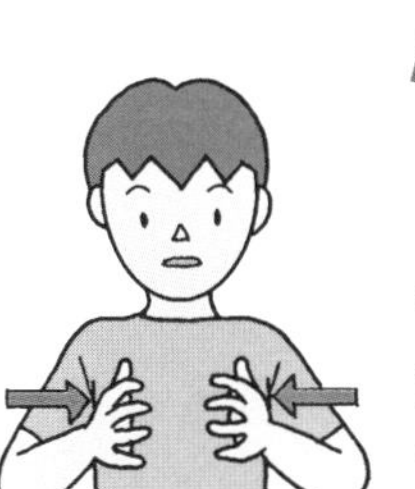

小さい

両手の指を軽く曲げ左右から向かい合わせて寄せる。

勉強（＝学校）

両手のひらを顔に向けて並べ、軽く１、２回前に出す。

名前は？
有名って
聞いたんだけど。

名前①

手のひらに、立てた親指の腹を当てる。

何？

立てた人差指を左右に数回、振る。

有名

立てた手のひらに人差指を付け、同時に上げる。

噂

顔の横で手の先同士を軽くこすり合わせつつ前後逆に数回ひねる。

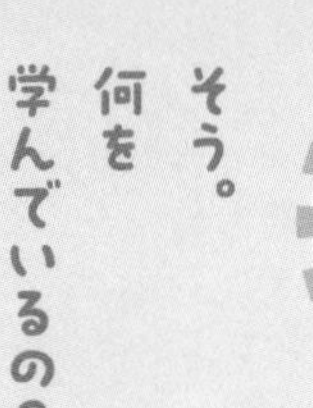

芸術

立てた親指の腹を片方の手のひらに２回こすり付ける。

大学

親指と人差指を伸ばして頭の斜め前後に置き、指を閉じる。

指をいったん開いて反対の斜め前後に置き、指を閉じる。

言う②（=です）

立てた人差指を口元から前へ出す。

へえ

自分に向けた手のひらを顔の前で下ろす。

専門

人差指と中指を伸ばし、外側から内側にすくうように上げる。

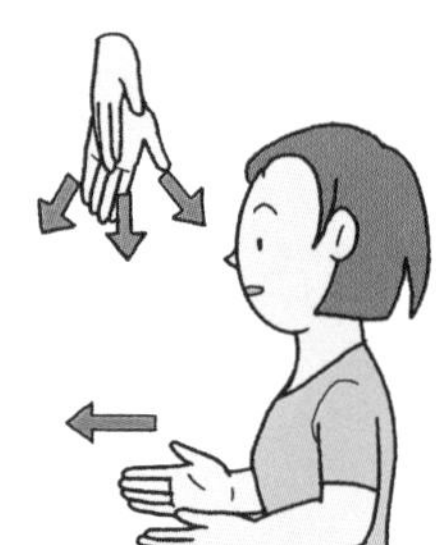

種類

手のひらの上に、指先を前にした手を縦に置き、３方向に動かす。

何？

立てた人差指を左右に数回、振る。

油

指先で頭を触り、続けてその手の親指と四指をこするように動かす。

絵

手のひらに、片方の手の甲をこすり当て、やや右上の空間に置く。

専門

人差指と中指を伸ばし、外側から内側にすくうようように上げる。

勉強

両手のひらを顔に向けて並べ、軽く１、２回前に出す。

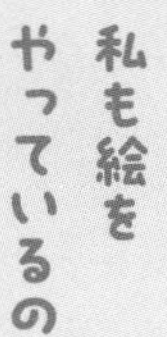

同じ

両手の親指と人差指を同時に２回、付けたり離したりする。

絵

手のひらに、片方の手の甲をこすり当て、やや右上の空間に置く。

書く（＝描く）

ペンを持ち字を書くように動かす。

私

人差指で鼻の辺りを指す。

好きな
画家は誰？

好き

親指と人差指を伸ばしてあごに付け、下ろしながら指先を閉じる。

絵

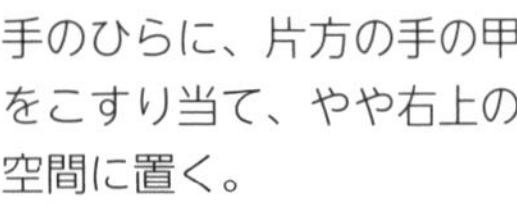

手のひらに、片方の手の甲をこすり当て、やや右上の空間に置く。

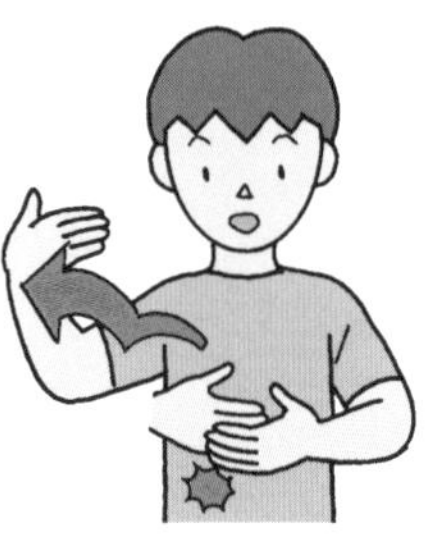

男（=人）

親指を立てた拳を出す。

誰？

親指以外の四指を軽く曲げ指の背をほおに付ける。

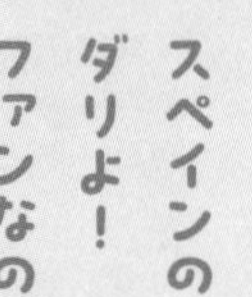

スペイン

親指と人差指の先を付けた手を脇の前に置き、手首を軸に回す。

ダリ

両手の親指と人差指を離して鼻の前に置き、ひげを形どりながら指を付ける。

人気がある

軽く指を開いた下向きの手のひらの指先を、立てた親指に近付ける。

私

人差指で鼻の辺りを指す。

特定の人物

特定の人物を表す場合、大きく分けて2つの方法があります。1つは、指文字で表す方法です。例えば、「ダリ」は指文字で「ダ」+「リ」と表します。もう1つの方法は、シーン1のように本人の特徴を生かして表現することです。「ダリ」は、本人の特徴でもあり、彼の絵画作品にもよく見られる、独特なひげを表すことで表現できるのです。

豆知識

指差しの対象（自分、話し相手、ここにいない人や物の指し方）

指差しで自分を指す場合は、自分の鼻の辺りを指差しましょう（一人称）。話し相手を指す場合には、相手を直接指し示します（二人称）。また、ここにいない人や物を指す場合は、斜め上の方を指したり、大体の方向を指差したりします（三人称）。

豆知識

指差しの対象（人を指すということ）

そこにいる人や物を表すときには、人差指でその本人や実物を指し示します。聴者にとっては、相手を指差すことは失礼に当たるので、初めは慣れないかもしれませんが、手話の世界では普通の表現なのです。

時間

始まる

前に向けた両手のひらを、中央から左右へ少し弧を描くように開く。

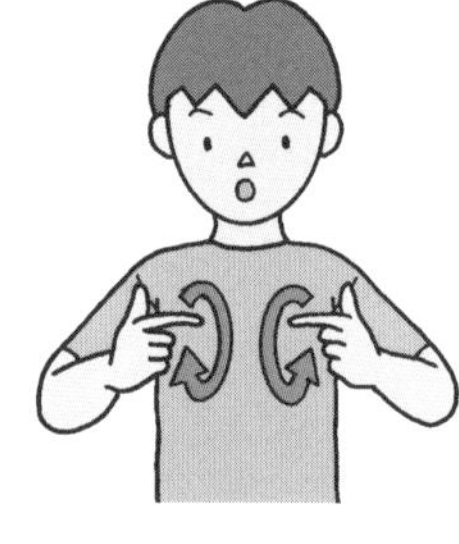

何時

<時間①>
人差指で、片方の手首の甲側をつつく。

<いくつ①>
上向きにした手の指を順に折る。

～から？

指先を前方に向け、手首を軸に自分側に振る。

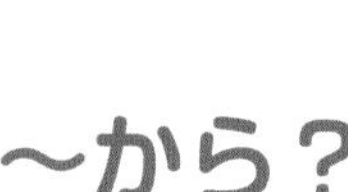

いつも

親指と人差指を伸ばした両手を手首を軸に下から前へと同時に回す。

朝

片手の拳をこめかみ辺りから下ろす。

9

親指を上に伸ばし他指は横に伸ばしてそろえ、甲を前に向ける。

～から

指先を前方に向け、手首を軸に自分側に振る。

関連単語　時間に関する表現

5時まで②

親指を横にした拳を出す。

指先を前に向けた手のひらに、片方の手の指先を付ける。

午前

人差指と中指を立て、顔の前に置いてから指の背側に倒す。

5時まで①

親指を横にした拳を出す。
※①は5を表すときのみ

指先を前に向けた手のひらに親指を当てる。

昼

人差指と中指を立てて人差指の側面を額に付ける。

午後5時

人差指と中指を立て、顔の前に置いてから指の腹側に倒す。

親指を横にした拳を出す。

午後

人差指と中指を立て、顔の前に置いてから指の腹側に倒す。

時間の表し方

時間を示す場合は、時刻を言う前に「時計」（手首）を指します。これは「今から言うのは時間のことですよ」ということを告げているのです。しかし、時間を聞かれた後の返事では、「時計」を指す動作を省略することがあります。なぜなら、時間について話しているのだということをお互いがわかっているからです。

通学

勉強（＝学校）

両手のひらを顔に向けて並べ、軽く1、2回前に出す。

〜まで

指先を前に向けた手のひらに、片方の手の指先を付ける。

時間①

人差指で、片方の手首の甲側をつつく。

いくつ①？（＝どのくらい）

上向きにした手の指を順に折る。

電車②

軽く曲げた人差指と中指を伸ばした人差指と中指の下に付け前に出す。

会計（＝合計）

手のひらに、片方の手の指先を付け、小指側に2回動かす。

40分

親指以外の四指を立てて、指を曲げ手首で外にひねる。

頃（＝くらい）

指をそろえた手の指先を前方に向け軽く左右に動かす。

関連単語　日時に関する表現

1秒
人差指を伸ばした手の横で、片方の伸ばした人差指と中指を、手首をひねって手の甲を前に向ける。

1分
伸ばした人差指を、手首をひねって手の甲を前に向ける。

週
横向きに伸ばした親指・人差指・中指を横に引く。

月
親指と人差指を付け、離しながら下ろす。

年①
伸ばした人差指で、拳の上を叩く。

年②
伸ばした人差指で、拳を一回りして、最後に拳の上に指を付ける。

1泊
＜1＞
伸ばした人差指を体の前に出す。

＜寝る①＞
首をかしげながら拳を頭の横に付ける。

いよいよ
手のひらをやや前後に向かい合わせ、片方を少し揺らしながら近付ける。

4 学校

ポイント！ 何をする場所？

“学校”の表現方法は２つあります。シーン３では、「勉強」という表現を用いていますが、丁寧に表すと「勉強」＋「場所」となります。このように、何をするところかを示す語の後に「場所」や「建物」という表現をつけることで、いろいろな場所を表すことができます。例えば、「世話」＋「場所」で“保育園”、「本」＋「建物」で“図書館”などがあります。

進学

私の息子は、
今、
中学三年生なの。

今度、
高校でしょう。
大変ですね。

息子

立てた親指を、腹の前から
下げながら前に出す。

今

下向きの両手のひらを
同時に少し下げる。

中②

親指と人差指を近付けた手の上
に、伸ばした人差指を当てる。

三

人差指・中指・薬指を
伸ばし横に向ける。

未来

手のひらを前方に向け、
そのまま前に出す。

高校

人差指と中指を離しやや曲
げて額の前に置き、引く。

あっという間

指先を下向きにし並べた両手を
同時に内側へブラブラ揺らす。

大変

拳で、片方の手首の
甲側を２回叩く。

関連単語　学校に関する表現

入学

＜入る＞
右手の人差指中央に左手の人差指先を付けたまま、前方へ倒す。

＜勉強＞
両手のひらを顔に向けて並べ、軽く1、2回前に出す。

試験

親指を立てた両手を交互に上下に動かす。

親子面談

＜両親＞
人差指をほおに当て斜めに上げ指を折り、親指と小指を立てる。

＜子ども＞
手のひらを下に向け、なでるように小さく円を描く。

＜面接＞
両拳を向かい合わせ、前後に置く。

試合

親指を立てた両拳を左右から上に上げ、中央で付ける。

卒業旅行

＜卒業＞
両手の拳を向かい合わせて左右に置き、そのまま上げる。

＜旅行＞
指先を前に向けた手の横で、人差指と中指を伸ばした手で垂直に円を描く。

ポイント！　数字の表し方

手話では、1から4の数字には、1、2、3、4というアラビア数字と、一、二、三、四という漢数字の2種類があります。学年について表す場合には、シーン4の“中学三年生”のように、漢数字の表現を使います。

就職

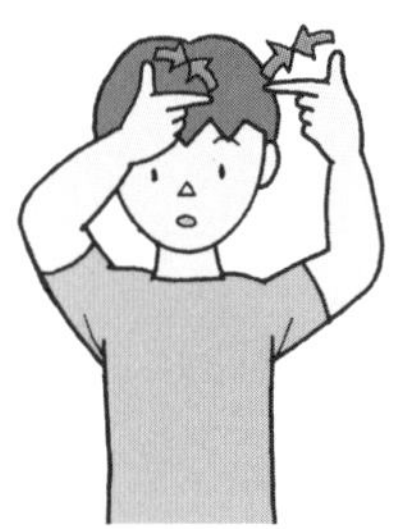

大学

親指と人差指を伸ばして頭の斜め前後に置き、指を閉じる。

指をいったん開いて反対の斜め前後に置き、指を閉じる。

卒業

両手の拳を向かい合わせて左右に置き、そのまま上げる。

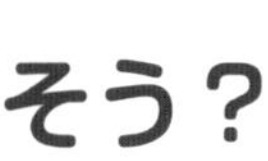

そう？

(=～でしょう？)

親指と人差指を前方で数回付ける。

終わり (=卒業)

上に向けた両手の指を、すぼめながら下ろす。

未来 (=～したら)

手のひらを前方に向け、そのまま前に出す。

想像 (=～するつもり)

指を軽く曲げた手をこめかみの辺りから斜め上に上げる。

何？

立てた人差指を左右に数回、振る。

迷う

両手のひらを上に向け、指先を向かい合わせて同時に左右に揺らす。

私

人差指で鼻の辺りを指す。

勉強

両手のひらを顔に向けて並べ、軽く１、２回前に出す。

教える

人差指を口の高さに置いて手首を軸にして数回下向きに振る。

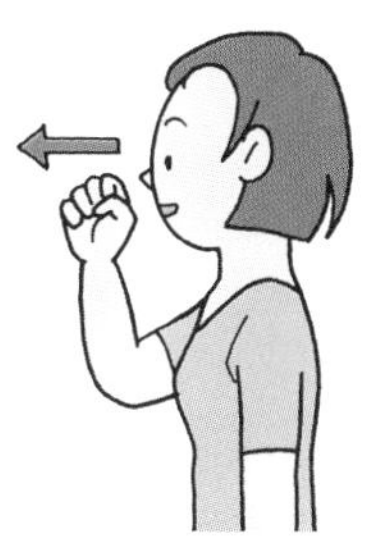

良い

拳を鼻の前に置き、前に向けて出す。

考える

人差指を立ててこめかみの辺りに付け、２～３回ねじる。

中②

親指と人差指を近付けた手の上に、伸ばした人差指を乗せる。

終わり

「終わり」という手話には、文末につけて「～した」という表現もありますが、シーン5のように前の言葉を受けて「～の完了」という状況を示す使い方などもあります。

すぐに使える手話フレーズ

学校

ろう者の特徴として、自己紹介のときには必ずといっていいほど出身校を聞いたり、教えたりします。これはろう者の数が多くないことから、出身のろう学校を中心とした人間関係が形成されているため、出身校からお互いの知り合いを探し、共通の話題としたい心理があるからです。ろう者の中にはろう学校へは行かず、聴者の学校で学ぶ人もいます。

どこの学校出身ですか？

卒業

両手の拳を向かい合わせて左右に置き、そのまま上げる。

何？

立てた人差指を左右に数回、振る。

うなずきの意味

ろう者との会話の中で一番多く使われる「相づち」は、「うなずき」です。聴者同士の会話と比べても「うなずき」はたくさん使われています。「うなずき」は文章の区切りに多く使われ、また、文末でうなずくことによって、終わりだとはっきりと知らせることもできます。聞き手のときにうなずくと、「へぇ」や「本当」、「そうそう」などの意味にもなります。この他にもさまざまな相づちがあるのでろう者との会話の中から学んでください。

Lesson 5 仕事

会社に勤めているろう者にとって、朝礼やアナウンスなどは手話通訳がいないと内容を把握するのは難しいです。情報が入らないばかりに、協力的でないと思われたり、勝手な行動をとると誤解されたりします。お勤めの会社にろう者がいたら、情報を共有できるよう手話でサポートしてあげてください。

動画内容

SCENE 1　基本会話
SCENE 2　勤続年数
SCENE 3　職場環境
SCENE 4　将来の夢
SCENE 5　口型

動画で学ぼう

https://youtu.be/b2VFzZvFyPU

基本会話

仕事は何をしているの？

会社勤めだよ。近いんだ。

あなた

相手を人差指で指す。

仕事

両手のひらを上に向け、外から内側に数回寄せる。

何

立てた人差指を左右に数回、振る。

会社

両手の人差指と中指を立てて頭の脇に置き、前後に交互に動かす。

通う

親指を立て水平に前後に動かす。

私

人差指で鼻の辺りを指す。

近い

親指と人差指を付けた両手を左右から中央に引き寄せる。

うらやましい

人差指の腹を口の端に当てた状態から下げる。

会社

両手の人差指と中指を立てて頭の脇に置き、前後に交互に動かす。

内容

囲った手の内側で、伸ばした人差指で円を描く。

何

立てた人差指を左右に数回、振る。

コンピューター

両手の人差指を前方に向け同時に円を描く。

関係

両手の親指と人差指で輪を作り、鎖のようにからませ前後に動かす。

パソコン

前に向けて伸ばした人差指と中指を素早く上げ、片方の指を動かす。

作る

両拳を縦に重ねて数回付ける。

仕事の
内容は？

仕事

両手のひらを上に向け、外から内側に数回寄せる。

内容

囲った手の内側で、伸ばした人差指で円を描く。

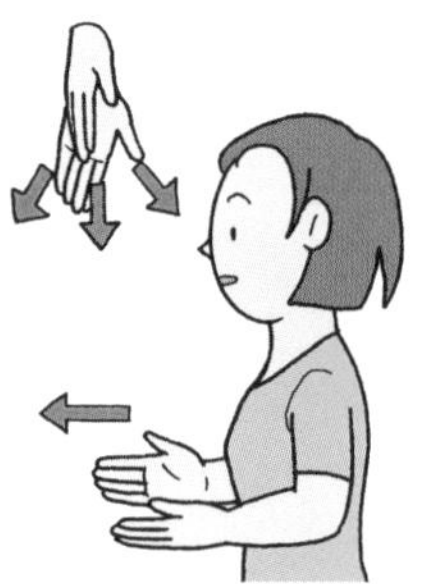

種類

手のひらの上に、指先を前にした手を縦に置き、３方向に動かす。

何？

立てた人差指を左右に数回、振る。

事務と営業を
兼ねてるんだよ。

事務

下向きの手のひらの上に片方の手を重ねて、書くしぐさをする。

商売（＝営業）

両手の親指と人差指で作った輪を、交互に前後させる。

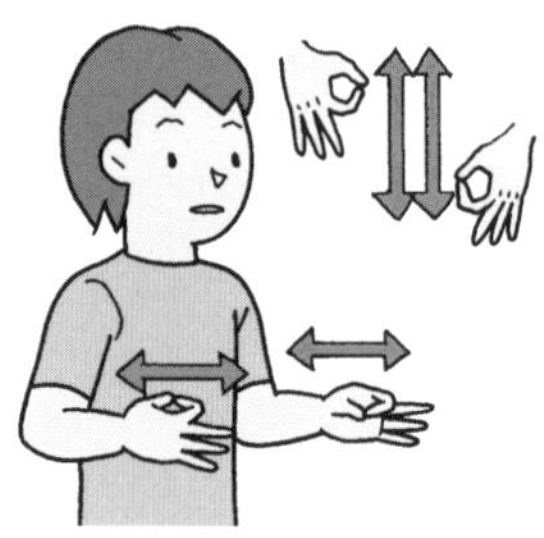

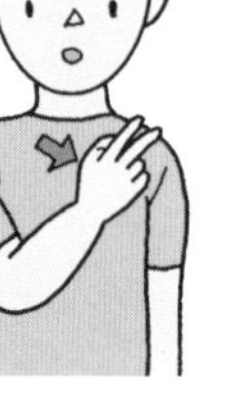

兼ねる

人差指と中指でＶ字を作り、反対側の肩に指の腹を付ける。

私

人差指で鼻の辺りを指す。

毎日忙しい？
帰りは遅いの？

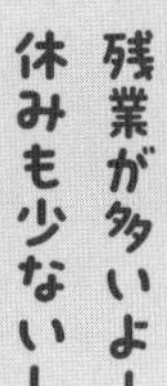

5
仕事

いつも

親指と人差指を伸ばした両手を手首を軸に下から前へと同時に回す。

忙しい？

両手の指先を下向きに曲げて交互に水平に回す。

帰る

指先をすぼめながら前方に出し、指先を付ける。

遅い？

親指と人差指を出した両手を、同時に山なりに横へ動かす。

残業

手のひらを下に倒した手の上を、垂直に立てた手で2回滑らせる。

多い①

指先を付けた親指と人差指の間を少し前に出しながら広げる。

休み

下向きの手のひらを両側から水平に中央に寄せて、親指側を付ける。

少ない①

親指の先で人差指の先を弾く。

大変

拳で、片方の手首の甲側を２回叩く。

家

指を伸ばし斜めにした両手の先を付け合わせる。

近い

親指と人差指を付けた両手を左右から中央に引き寄せる。

まし②？

親指と人差指でつまむ形にして鼻の前に置き、小指側に払う。

そう

親指と人差指を前方で数回付ける。

慣れる

立てた親指の爪側をほおに付けて、下ろす。

できる

親指を除く四指の先を反対側の胸に付け、手の側の胸に付ける。

仕方がない

手のひらを上に向けた手を反対側の肩に付け、斜めに下ろす。

公務員

<公①>
両手人差指を「ハ」の字にし、片方で「ム」を空書する。

<委員>
親指と人差指で作った輪を、その手と反対側の胸に付ける。

役員

人差指と親指を伸ばし、逆の腕に付けて体側に引く。

手話通訳士

<手話>
人差指を伸ばした両手を向かい合わせ、交互に数回回す。

<通訳>
親指を立てた手を、口元で左右に往復させる。

<士>
親指・人差指・中指を伸ばした手を反対側の肩に付ける。

銀行員

<銀行>
両手の親指と人差指で作った輪を水平に置き同時に2回上下させる。

<委員>
親指と人差指で作った輪を、その手と反対側の胸に付ける。

社会

親指と小指を立てて手前に円を描くように動かし、親指を付ける。

運営

両手の親指と人差指で作った輪を上下に置き水平に交互に回す。

会計

手のひらに、片方の手の指先を付け、小指側に2回動かす。

プロ①

親指と人差指の輪を前に出した後、手前に引きながら輪を解く。

勤続年数

工場

親指・人差指・中指を立て指先を開き、前に向け垂直に交互に円を描く。

通う

親指を立て水平に前後に動かす。

年①

伸ばした人差指で、拳の上を叩く。

いくつ①？

上向きにした手の指を順に折る。

来年

伸ばした人差指で、拳の上を叩く。

立てた人差指を前に出す。

10年

軽く握った拳の回りを、人差指を曲げた拳で１周させる。

充分（＝ちょうど）

手を軽く握りながら鼻に付けてうなずく。

今週

下向きの両手のひらを同時に少し下げる。

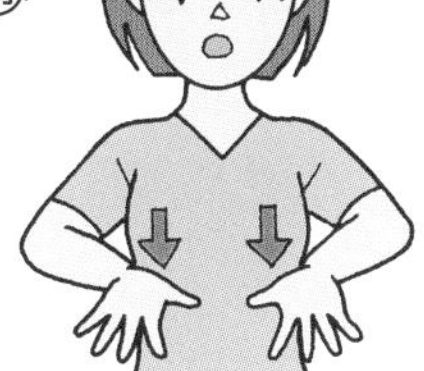

横向きに伸ばした親指・人差指・中指を横に引く。

来週

横向きに伸ばした親指・人差指・中指を上に弧を描いて前に出す。

今月

下向きの両手のひらを同時に少し下げる。

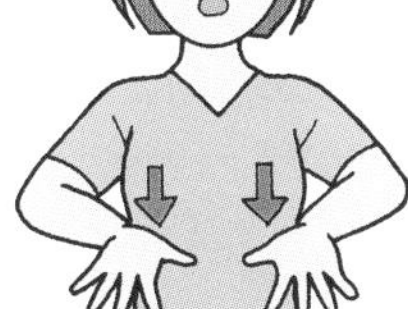

親指と人差指を付け、離しながら下ろす。

先週

横向きに伸ばした親指・人差指・中指を上に弧を描いて後ろに下げる。

今年

下向きの両手のひらを同時に少し下げる。

伸ばした人差指で、拳の上を叩く。

毎週②

両手の親指・人差指・中指を立て、前方に押し出すように2回回す。

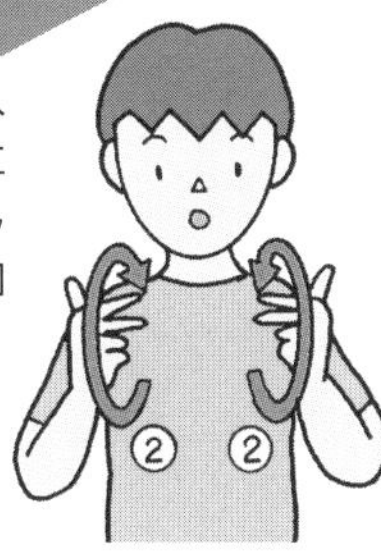

明後日

伸ばした人差指と中指を肩の前に置き、手首を前方に倒す。

誕生日

<生む>
すぼめた両手を腹の前から下前方へ出しながら指を開く。

<日>
立てた人差指に、片方の指間を開けた人差指・中指・薬指の先を付ける。

職場環境

今の会社に入ってよかった？不満はないの？

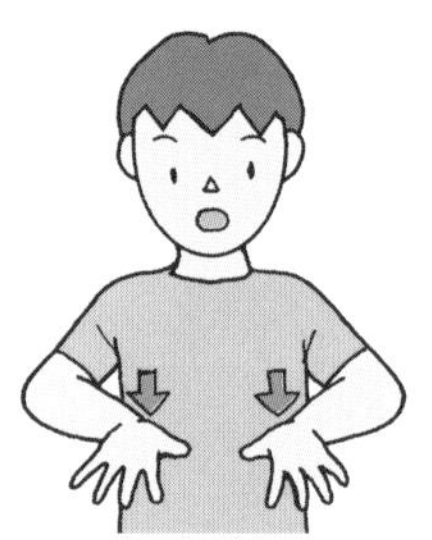

今

下向きの両手のひらを同時に少し下げる。

会社

両手の人差指と中指を立てて頭の脇に置き、前後に交互に動かす。

入る

右手の人差指中央に左手の人差指先を付けたまま、前方へ倒す。

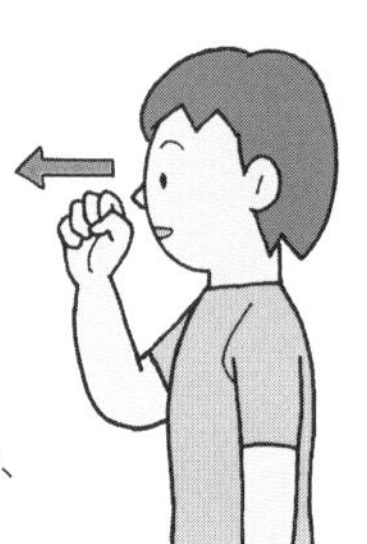

良い

拳を鼻の前に置き、前に向けて出す。

あなた？

相手を人差指で指す。

不満

手のひらを胸に付け、勢いよく前に出す。

ない③

前に向けた両手のひらが自分に向くよう手首を回転させる。

あなた？

相手を人差指で指す。

ない③

前に向けた両手のひらが自分に向くよう手首を回転させる。

手話

人差指を伸ばした両手を向かい合わせ、交互に数回回す。

できる

親指を除く四指の先を反対側の胸に付け、手の側の胸に付ける。

人々

親指と小指を立てた両手を、ひねりながら中央から左右に離していく。

二人

伸ばした人差指と中指で、「人」と空書する。

居る

向かい合わせた両手拳をひじから下げるように同時にぐっと下ろす。

ポイント

人数の表し方

人数の表現方法は2つあります。1つ目は、シーン3のように、数字を表す手の形のままで、<人>という漢字を空書する方法です。"二人"と表す場合は、「二」を表した手のままで、<人>を空書します。2つ目は、非利き手で数字を表したまま、その下で、利き手の人差指で<人>という漢字を空書する方法です。"二人"の場合は、非利き手で「二」を表し、その下で利き手で<人>を空書すればよいのです。2つ目の方法で1～4の数字を表す場合は、漢数字を用います。

将来の夢

夢があるんでしょ。どんな仕事をやりたいの？

あなた

相手を人差指で指す。

夢

伸ばした親指と人差指を開き、こめかみの上に置き、広げながら上げる。

持つ

上向きの手のひらを握りながら軽く上げる。

同じ？（＝～でしょ？）

両手の親指と人差指を同時に２回、付けたり離したりする。

仕事

両手のひらを上に向け、外から内側に数回寄せる。

好き（＝～したい）

親指と人差指を伸ばしてあごに付け、下ろしながら指先を閉じる。

何

立てた人差指を左右に数回、振る。

あなた？

相手を人差指で指す。

ケーキ屋を開きたいんだ。

ケーキ

上向きの手のひらに片方の手の指先を斜め横に向けて垂直に下ろす。

指先を前方に向け同様に垂直に下ろす。

商売（＝店）

両手の親指と人差指で作った輪を、交互に前後させる。

開く

人差指の側面同士を付けた両手を左右に引きながら、手のひらを内側に回す。

夢

伸ばした親指と人差指を開き、こめかみの上に置き、広げながら上げる。

私

人差指で鼻の辺りを指す。

手の向き

シーン4には「持つ」という手話単語があります。手話の手の向きは固定のものもありますが、前後の単語の影響を受けて自由に変化するものもあります。「持つ」という単語は持つものによってその向きが変わる良い例です。カバンを持つ場合は下向きとなります。

口型

か（＝課）

親指・人差指・中指を伸ばし、親指の指先を中指の腹に付ける。

～長

親指を立てて上げる。

話す①

指を少し開いた手を口元から少し前に出す動作を繰り返す。

わかる？

手のひらを胸に当ててから下ろす。

口

人差指を口の周りで丸く回す。

見る①

人差指と中指を伸ばし目の高さから指先を前方に向けて出す。

四苦八苦

親指と人差指を付けた両手をこめかみに当て交互に上下させる。

大変

拳で、片方の手首の甲側を２回叩く。

関連単語　仕事に関する表現

社長

＜会社＞
両手の人差指と中指を立てて頭の脇に置き、前後に交互に動かす。

＜～長＞
親指を立てて上げる。

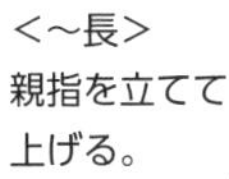

聞く

軽く曲げた手を耳に付ける。

係長

＜係＞
人差指と親指を伸ばし、逆の腕に付けて体側に引く。

＜～長＞
親指を立てて上げる。

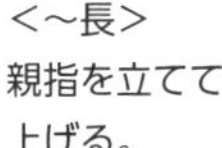

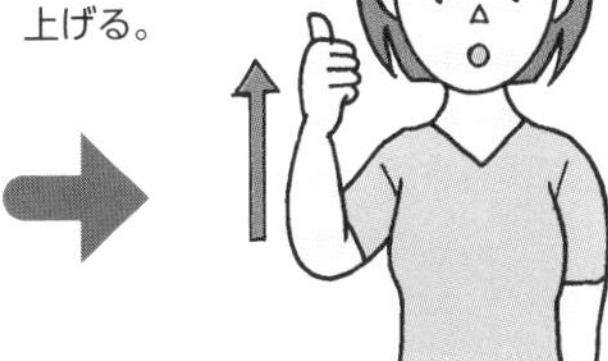

給料

四指を付け指先を下に向けた手を片方の手でつかみ、手前に引く。

社員

＜会社＞
両手の人差指と中指を立てて頭の脇に置き、前後に交互に動かす。

＜委員＞
親指と人差指で作った輪を、その手と反対側の胸に付ける。

ボーナス

伸ばした人差指と中指で左右対称にリボンの形を空書する。

ポイント　「わかる」のニュアンス

手話は、微妙なニュアンスもうまく伝えることができます。例えば、「わかる」という表現は、普通に【手のひらを胸に当ててから下ろす】と表現する場合には“納得する”というニュアンスを強く持っています。しかし、シーン5の「わかる」では、相手に尋ねる表情をすることで、「(言っている) 意味が理解できるか?」という、納得する以前の状態について尋ねているのです。

すぐに使える手話フレーズ

仕事

仕事や会社についての話をするとき、「仕事は何？」と聞かれて、「会社」＋「通う」と答えることで「サラリーマンです」という意味になります。他にも、例えば「主婦なの」とか「学生ですよ」という答え方もあるでしょう。会社勤めをされているろう者には、現場でのコミュニケーション方法などを聞いてみるのもよいでしょう。

職場ではどうやってコミュニケーションをとるの？

会社

両手の人差指と中指を立てて頭の脇に置き、前後に交互に動かす。

コミュニケーション

親指を離し軽く曲げた両手をかみ合わせるように置き交互に前後に動かす。

どうやって

親指と小指を伸ばし、小指を下に親指を鼻に付ける。

仕事を尋ねられたときに“主婦です”と答える場合は、例えば、「主婦」＋「私」と表します。主婦だと答えると「旦那さんは何をしているの？」など立ち入ったことを聞いてくる場合もありますが、ろう者の会話では普通のことです。答えたくなければ答えなくてもよいので、あまり気にしないで自由にお話ししてみましょう。

Lesson 6 趣味・習い事

趣味が同じであれば年齢や性別などに関係なく、あっという間に意気投合できるものです。手話ができる、できないなどは二の次で、身振り手振りで十分に意思疎通が図れます。そうした交流から始めると、瞬く間に手話が上達すること間違いなしです。「習うより慣れろ！」です。

動画内容

SCENE 1　基本会話
SCENE 2　趣味を尋ねる
SCENE 3　マニア
SCENE 4　趣味を探す
SCENE 5　習い事

動画で学ぼう

https://youtu.be/wYipIDcahXE

基本会話

あなた

相手を人差指で指す。

料理

軽く曲げた指に沿わせ片方の手を垂直に数回下ろす。

得意

親指と小指を立て、親指を鼻に付け、小指を上向きに前に出す。

何？

立てた人差指を左右に数回、振る。

中国

親指と人差指の指先を付け、胸の前に置き、横に引いて下げる。

料理

軽く曲げた指に沿わせ片方の手を垂直に数回下ろす。

得意

親指と小指を立て、親指を鼻に付け、小指を上向きに前に出す。

私

人差指で鼻の辺りを指す。

習ったの？
僕も
できるかなぁ。

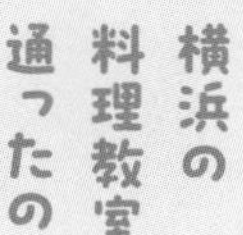

教わる？

人差指を自分の顔に向けて上から手前に数回下ろす。

へえ

自分に向けた手のひらを顔の前で下ろす。

私

人差指で鼻の辺りを指す。

できる？

親指を除く四指の先を反対側の胸に付け、手の側の胸に付ける。

横浜

伸ばした人差指と中指をほおに沿って２回前に出す。

料理

軽く曲げた指に沿わせ片方の手を垂直に数回下ろす。

部屋（＝教室）

自分に向けた両手のひらを前後に置き、左右に開いて向かい合わせる。

通う

親指を立て水平に前後に動かす。

誰でも入れるの？

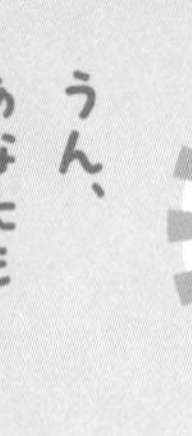

誰

親指以外の四指を軽く曲げ指の背をほおに付ける。

みんな

手のひらを下に向け、水平に円を描く。

入る

右手の人差指中央に左手の人差指先を付けたまま、前方へ倒す。

できる？

親指を除く四指の先を反対側の胸に付け、手の側の胸に付ける。

あなた

相手を人差指で指す。

やる

拳を作った両手を同時に前に出す。

試す (=～してみる)

手のひらを横に向け立てた人差指の先を目の下に軽く２回当てる。

良い

拳を鼻の前に置き、前に向けて出す。

僕、不器用だから。

私

人差指で鼻の辺りを指す。

技術

人差指と中指を伸ばし中指を下にして、片方の手首の辺りを２回叩く。

苦手

自分に向けた手のひらの中指の腹の辺りを鼻に付ける。

私

人差指で鼻の辺りを指す。

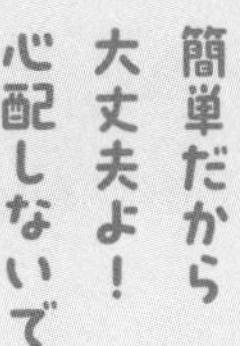

簡単

人差指を立てあごに触れてから、片方の手のひらに付ける。

親指を除く四指の先を反対側の胸に付け、手の側の胸に付ける。

心配

指を軽く曲げた両手を上下に体に付けて、体ごと小刻みに揺らす。

不要

脇辺りに指先を付けた両手を払うように前に出す。

私
人差指で鼻の辺りを指す。

パン
親指と人差指を付けた手を、前に出すと同時に指を離す。

作る
両拳を縦に重ねて数回付ける。

好き（＝～したい）
親指と人差指を伸ばしてあごに付け、下ろしながら指先を閉じる。

オーケー
親指と人差指で輪を作り、少し前に出す。

教える
人差指を口の高さに置いて手首を軸にして数回下向きに振る。

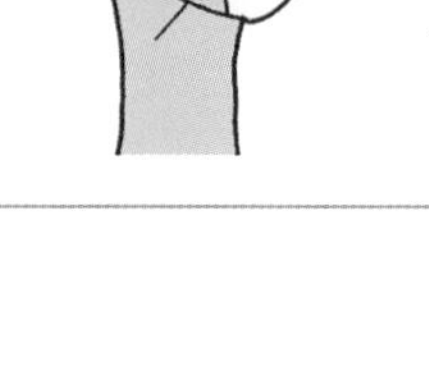

私
人差指で鼻の辺りを指す。

責任（＝まかせる）
指を軽く曲げて手のひらを自分に向けた手を肩に付ける。

茶の湯

指を曲げた手の上で、指先をすぼめた手を回す。

切手収集

<切手>
そろえた人差指と中指を口元に当て、片方の手のひらに指先を付ける。

<集める>
両手の指先を下向きにし、かき集めるように同時に動かす。

おしゃれ①

指先で、片方の手の手首から甲の辺りを指先に向けて数回払う。

ドライブ

両手を軽く握り、車のハンドルを動かすようにする。

芝居

両拳を互い違いの向きにして顔の横に置き、手首をひねる。

踊る

手のひらの上で、下向きに伸ばした人差指と中指を左右に振る。

バイク

下向きの両拳を左右に置き、右の拳を下から前方へ２回ひねる。

ビデオカメラ

親指・人差指・中指を伸ばした手の小指側を手のひらに乗せたまま動かす。

歌う

立てた人差指と中指をそろえて、口元から斜め上に回しつつ上げる。

温泉

人差指・中指・薬指を立て、片方の手で囲い、立てた指を揺らす。

巡り（＝探す）

親指と人差指で輪を作り、目の辺りで数回円を描く。

趣味を尋ねる

僕の趣味は読書と映画鑑賞だよ。

私

人差指で鼻の辺りを指す。

趣味

手をほおの横で握りながら斜め前に動かす。

何

立てた人差指を左右に数回、振る。

本

両手のひらを合わせ、小指をつけたまま左右に開く。

読む

自分に向けた手のひらの上で、伸ばした人差指と中指を数回上下させる。

映画

両手の指先を開いて向かい合わせ、交互に数回上下に動かす。

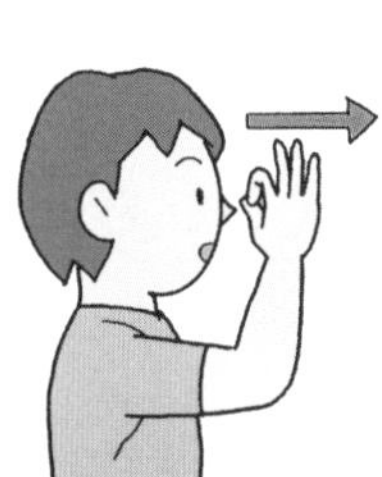

見る②

親指と人差指で作った輪を目の辺りから前に出す。

私

人差指で鼻の辺りを指す。

私もまったく同じよ！
最近はどんな
本を読んだの？

私

人差指で鼻の辺りを指す。

全部

両手を離しながら円を描き、
小指側を付ける。

同時

両手の拳を甲が前に向くように
ひねり上げながら人差指を立たせる。

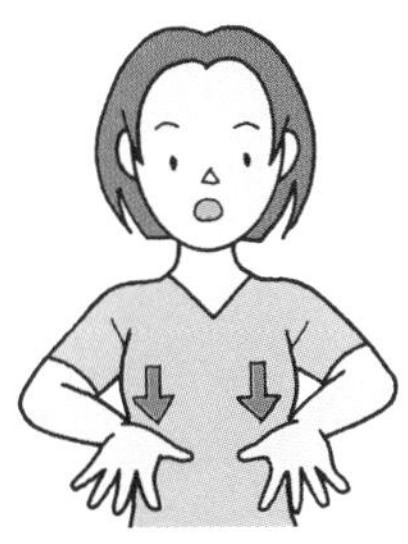

今

下向きの両手のひらを
同時に少し下げる。

頃

指をそろえた手の指先を
前方に向け軽く左右に動かす。

読む

自分に向けた手のひらの上で、
伸ばした人差指と中指を数回
前後させる。

本

両手のひらを合わせ、小指を
つけたまま左右に開く。

何？

立てた人差指を左右に
数回、振る。

マニア

あなた、鉄道マニアなんですって？鉄道のどこがいいの？

あなた

相手を人差指で指す。

電車②

軽く曲げた人差指と中指を伸ばした人差指と中指の下に付け前に出す。

マニア

人差指を頭に付け、両手の指を曲げ顔の脇に置き、交互に左右に動かす。

聞く

軽く曲げた手を耳に付ける。

私

人差指で鼻の辺りを指す。

電車②

軽く曲げた人差指と中指を伸ばした人差指と中指の下に付け前に出す。

興味

軽く開いた手を目の辺りからすぼませながら前に動かす。

あなた？

相手を人差指で指す。

鉄道の雄姿が格好よくて。写真を撮るのが好きなんだ。

電車②

軽く曲げた人差指と中指を伸ばした人差指と中指の下に付け前に出す。

電車②

軽く曲げた人差指と中指を伸ばした人差指と中指の下に付け前に出す。

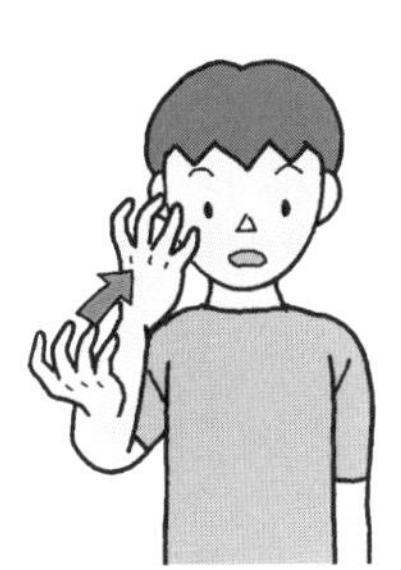

かっこいい

指先を曲げた手のひらを強めにひじから起こす。

写す②

両手の親指と人差指で顔の前に四角を作り、右人差指だけ曲げる。

四指と親指で作った空間に向けて片方の手をすぼめつつ手前に引く。

好き

親指と人差指を伸ばしてあごに付け、下ろしながら指先を閉じる。

趣味を探す

何か趣味を持ちたいけど、何がいいかな？

趣味

手をほおの横で握りながら斜め前に動かす。

明るい

手のひらを前に向け交差した両手を左右斜め上へ開き上げる。

好き（=〜したい）

親指と人差指を伸ばしてあごに付け、下ろしながら指先を閉じる。

しかし

前方に向けた手のひらを自分の方にひっくり返す。

何

立てた人差指を左右に数回、振る。

良い

拳を鼻の前に置き、前に向けて出す。

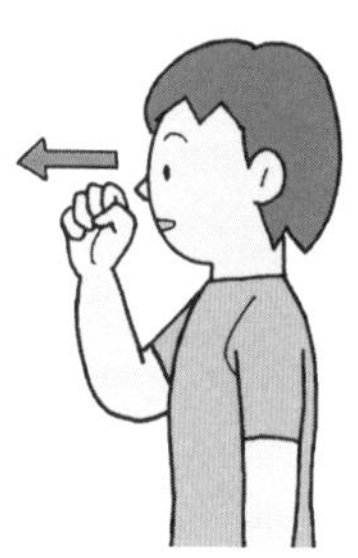

わからない①

指先を肩の辺りに付け２回上に払う。

私

人差指で鼻の辺りを指す。

いろいろと
やってみないと
わからないものよ。
まずやって
みることね。

いろいろ

親指と人差指を伸ばした片手を軽くひねりながら横へ引いていく。

試す

手のひらを横に向け立てた人差指の先を目の下に軽く２回当てる。

挑戦

親指を立て、少し上に置いた前の手に後ろの手を上げながら付ける。

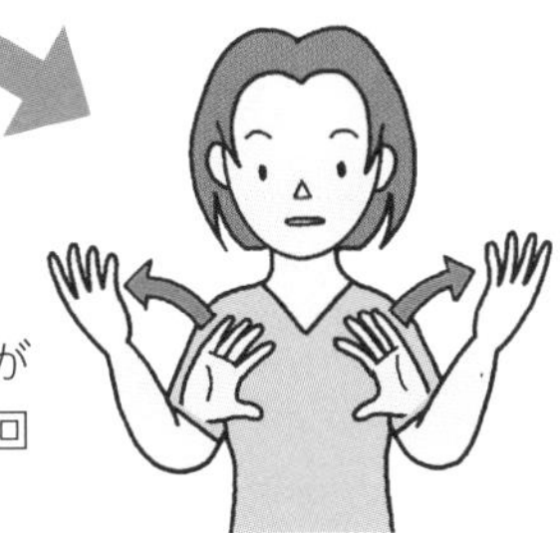

ない③

前に向けた両手のひらが自分に向くよう手首を回転させる。

わからない①

指先を肩の辺りに付け２回上に払う。

まず

人差指を立てた手の親指側を、反対側の肩に当てる。

試す

手のひらを横に向け立てた人差指の先を目の下に軽く２回当てる。

良い

拳を鼻の前に置き、前に向けて出す。

習い事

今、英会話教室に通ってるんだって？

今

下向きの両手のひらを同時に少し下げる。

英語

伸ばした人差指と中指の背をあごに沿わせて横へ引く。

勉強（=学校）

両手のひらを顔に向けて並べ、軽く1、2回前に出す。

通う

親指を立て水平に前後に動かす。

中②

親指と人差指を近付けた手の上に、伸ばした人差指を当てる。

あなた？

相手を人差指で指す。

そう

親指と人差指を前方で
数回付ける。

来年

伸ばした人差指で、
拳の上を叩く。

立てた人差指を前に出す。

アメリカ

自分に向けた手のひらを
軽く揺らしながら横へ引
いていく。

あれ

人差指で斜め前方または
斜め後方を指す。

飛行機①

親指・人差指・小指を伸ば
した下向きの手のひらを山
なりに前方に出す。

決める①

そろえた人差指と中指を片方の
手のひらに打ち付ける。

私

人差指で鼻の辺りを指す。

すぐに使える手話フレーズ

指差し

手話の会話でよく使われる指差しに注目してみましょう。目の前の相手への指差しは「あなた」という意味を持ちます。急に指を指されると、手話に慣れていない聴者にびっくりされたり、違和感を持たれることがあります。しかし、指差しは手話言語にとって大切な特徴です。文の最初の指差しは主語を示し、最後の指差しは主語を再度示すような強調の意味合いを持ちます。みなさんも指差しを使って会話の幅を広げてください。

私は不器用です。

私

人差指で鼻の辺りを指す。

技術

人差指と中指を伸ばし中指を下にして、片方の手首の辺りを２回叩く。

苦手

自分に向けた手のひらの中指の腹の辺りを鼻に付ける。

私

人差指で鼻の辺りを指す。

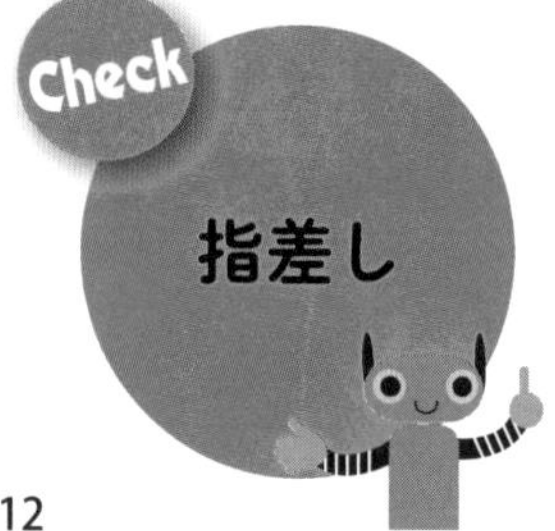

実物が見えている場合は、そのものを指差します（私、ここ、あなた、その人、あれ、など）。見えていなくても具体的な場所を説明する必要がある場合は、その道順を指で示し、たどっていきます（まっすぐ行った角を右に曲がった所など）。漠然とした場所やここにいない人を指す場合は、斜め前上や斜め後ろ上の方向に人差指を向けます。この方向は実際の方向とは関係ありません。

Lesson 7 レジャー

手話サークルや地域のろう者協会に入ったりすると、キャンプなど様々な行事が行われていることがわかります。あなたもただ参加するのではなく、企画・実行のメンバーとなってみませんか？　最初は会話がちぐはぐになってしまうかもしれませんが、仲間作りには一番の方法です。

動画内容

SCENE 1　基本会話
SCENE 2　予定
SCENE 3　申し込み
SCENE 4　感想
SCENE 5　お土産

動画で学ぼう

https://youtu.be/1TxjYt8JTqw

基本会話

海へ釣りに行くけど、一緒にどう？

私、釣りしたことないけど。

海

小指を口元に当てた後、指を全部出して横へ引く。

釣り

両手の人差指を立てて縦に重ね、手前に引きながら上げる。

一緒？

人差指を伸ばした両手を左右から水平に付ける。

私

人差指で鼻の辺りを指す。

釣り

両手の人差指を立てて縦に重ね、手前に引きながら上げる。

経験

両手の指先が触れ合うように交互に打ち付ける。

ない①

口元で、親指と人差指で輪を作り、指を離しながら横に動かす。

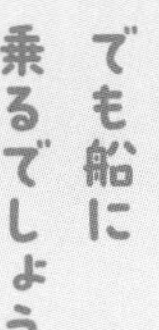

できる

親指を除く四指の先を反対側の胸に付け、手の側の胸に付ける。

面白い②

拳の小指側で、胸を叩く。

うそ①

人差指の先でほおをつつく。

いいえ

立てた片手を左右に振る。

しかし

前方に向けた手のひらを自分の方にひっくり返す。

船

丸みを持たせた両手の小指側同士を付けたまま前に出す。

(船に) 乗る

片手は船の形を残し、人差指と中指を下向きにした手を乗せる。

そう？

(＝～でしょう？)

親指と人差指を前方で数回付ける。

当たり前だよ！
心配でもあるの？

もちろん
（＝当たり前）

親指と人差指を伸ばした両手を付けてから、左右に1～2回開く。

心配

指を軽く曲げた両手を上下に体に付けて、体ごと小刻みに揺らす。

有る

やや下向きの片手を軽く押さえるように置く。

あなた？

相手を人差指で指す。

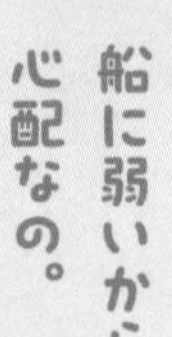

船に弱いから
心配なの。

私

人差指で鼻の辺りを指す。

苦手

自分に向けた手のひらの中指の腹の辺りを鼻に付ける。

心配

指を軽く曲げた両手を上下に体に付けて、体ごと小刻みに揺らす。

私

人差指で鼻の辺りを指す。

心配

指を軽く曲げた両手を上下に体に付けて、体ごと小刻みに揺らす。

不要

脇辺りに指先を付けた両手を払うように前に出す。

船

丸みを持たせた両手の小指側同士を付けたまま前に出す。

大きい

指を軽く広げて向かい合わせた両手のひらを左右に開く。

朝

片手の拳をこめかみ辺りから下ろす。

早い

親指と人差指の先を付けた手を、投げるように横へ動かしつつ指先を離す。

行く①

下に伸ばした人差指を前に出しながら、少し上に向ける。

そう？

親指と人差指を前方で数回付ける。

5時に迎えにいくよ。

明日は雨が降るらしいけど、大丈夫?

時間①

人差指で、片方の手首の甲側をつつく。

5

親指を横に伸ばし、他指は握る。

会う②

人差指を立て、前後に向かい合わせた両手を近付け、拳同士を付ける。

行く①

下に伸ばした人差指を前に出しながら、少し上に向ける。

明日

立てた人差指を肩から前に出す。

雨

指先を下に向けた両手を同時に上下させる。

しかし

前方に向けた手のひらを自分の方にひっくり返す。

できる?

親指を除く四指の先を反対側の胸に付け、手の側の胸に付ける。

関連単語　自然に関する表現

自然

人差指をすくうように上に動かす。

島

指を曲げた手を取り囲むように、片方の手を前から手前に動かす。

山

手のひらを下に向けて、弧を描いて山の形を作る。

太陽

手のひらの下から、親指と人差指で作ったCの形を上げる。

月

親指と人差指を付け、離しながら下ろす。

星

すぼめた指先を自分に向けたまま、上方で指を弾くように開く。

ポイント！ "船に乗る"という表現

シーン1の"船に乗る"という表現は、手話の特徴がよく出ている表現です。「船」という単語は両手で船の形を表します。「乗る」という単語のみを表すときは、手のひらの上に人差指と中指を伸ばして乗せます。「船」＋「乗る」と続けて表現するときには、両手で船の形を表した後、片手の形は保持したままで、人差指と中指をそこに乗せるように表現するとよいでしょう。何に乗るのかがよくわかる、視覚言語らしい表現ですね。

予定

未来

手のひらを前方に向け、そのまま前に出す。

寒い（＝冬）

両手で拳を作り、小刻みに震わせる。

計画

下向きの手のひらの小指側に片方の手を当て、指先の方向に２回動かす。

何？

立てた人差指を左右に数回、振る。

家族

斜めにした手の下で、親指と小指を立てた片手を軽くひねる。

集まる

指を軽く開き、先を上に向けた両手を左右から中央へ寄せる。

スキー

上向きの手のひらの人差指を軽く曲げ、同時に前に出す。

行く①

下に伸ばした人差指を前に出しながら、少し上に向ける。

関連単語

スポーツの表現

野球

親指と人差指で作った輪に、片方の人差指を当てる。

テニス

拳を作り前後にラケットを振るしぐさをする。

バレーボール

額の前辺りで、斜め上に向けた両手のひらを同時にパスするように動かす。

卓球①

指を丸めた手を片方の手の甲で前方に 2 回弾く。

スイミング

伸ばした人差指と中指を交互に動かしつつ水平に引いていく。

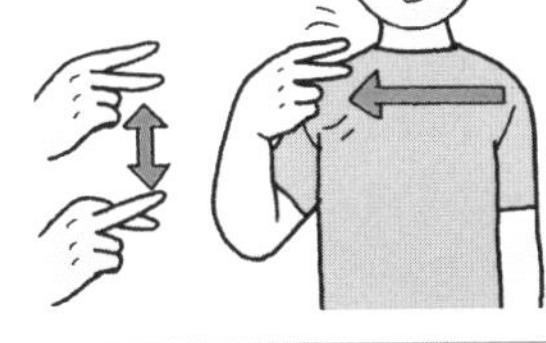

ダイビング

手のひらの手前で、人差指と中指を交互に動かしつつ斜めに下げる。

「未来」の表現方法

「未来」という単語は、少し先のことからずいぶん先のことまで表すことができます。この時間の幅は、手のひらの動かし方で表現し分けます。例えば、"ちょっと先"なら手首だけで手のひらを前に出し、"ある程度先"なら腕ごと前に動かします。"だいぶ先"なら、少し溜めて表します。

ポイント

予定の尋ね方と答え方

シーン2では予定を聞くときの表現として「計画」+「何?」を紹介しています。他に、「計画」+「有る?」と表現しても構いません。聞かれた人はただ「ある」とだけ答えるのではなく、どんな計画があるのか具体的な内容を答えるのがよいでしょう。そうすれば、話が弾みます。

申し込み

キャンプ

手の甲の上に片方の手を置き、徐々にすぼめながら上に上げる。

行く①？

下に伸ばした人差指を前に出しながら、少し上に向ける。

集める（＝募集）

両手の指先を下向きにし、かき集めるように同時に動かす。
※募集の意味の場合は２回動かす。

中②

親指と人差指を近付けた手の上に、伸ばした人差指を当てる。

参加

指を軽く開いた手のひらの上に、人差指を立てた手の甲を乗せる。

好き（＝～したい）

親指と人差指を伸ばしてあごに付け、下ろしながら指先を閉じる。

申し込む

上向きの手のひらの上に片方の人差指を置き、同時に前に出す。

構わない？（＝いいですか）

小指を立て、あごに付ける。

関連単語　レジャーに関する表現

バーベキュー

両手の人差指を、同時に手首を返し、同方向へ回転させる。

遠足

指先を開いた両手を前後に並べたまま複数回山なりに前に進める。

遊ぶ

人差指を立てた両手を頭の脇に置き、前後に交互に振り動かす。

ジョギング

体の脇の前に置いた拳を同時に少し上下させる。

活動

両手の拳を交互に前後させる。

練習

手の甲に、片方の指先を数回当てる。

サボる

指を軽く曲げた手に上向きの手のひらを入れて指をすぼめながら下げる。

一生懸命

指先を上に向け、向かい合わせた手のひらを、顔の横から同時に前に出す。

行事

人差指と中指を伸ばし指先を向かい合わせ左右に広げ、人差指を下ろす。

感想

沖縄

伸ばした人差指と中指を顔の横でひねりながら上げ、片方は口の辺りでひねりながら下げる。

海

小指を口元に当てた後、指を全部出して横へ引く。

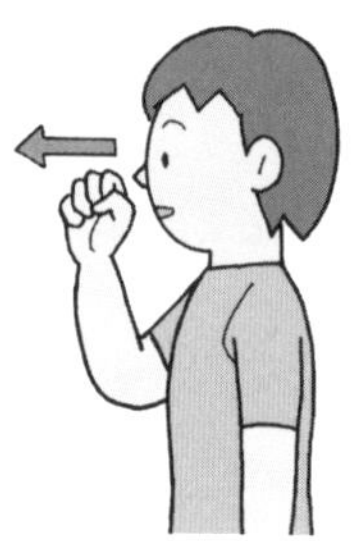

良い

拳を鼻の前に置き、前に向けて出す。

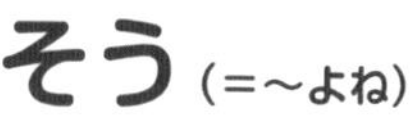

そう（=〜よね）

親指と人差指を前方で数回付ける。

そう

親指と人差指を前方で数回付ける。

青

指を伸ばした手のひらを、あごからほおに沿って動かす。

はっきり

両手のひらを左右にそろえ同時に、自分側と前方へ動かす。

美しい

手のひら同士を上下に重ね、上の手を横へ滑らせるように動かす。

赤

人差指を伸ばし唇の前に置き横に動かす。

黒

指を伸ばした手のひらを頭の横に置き下げる。

白

人差指を歯に当て、横に少し動かす。

黄色

親指と人差指を伸ばし、親指は額に当て人差指を折る。

ピンク

やや曲げた両手のひらを合わせ少し揺らす。

オレンジ

指を軽く閉じたままの手を垂直に丸く回す。

緑

指を軽く広げた両手を交互に小さく上下させながら左右に開く。

グレー

人差指と中指を曲げた手を口元に付け、小さく曲げ伸ばす。

茶色

拳をあごの前に置き、手首を2回程手前に折る。

色

すぼめた両手の指先同士を付けて互い違いにねじる。

濃い

両手のひらを自分に向け力を入れて短く手前に引く。

薄い①

前方に向けた手のひらを柔らかく揺らしながら下ろす。

お土産

ハワイへ行くことになったよ！

うらやましいわ。そうだ、お土産をお願いね！

ハワイ

下向きの両手のひらを横に向け、２回横に動かす。

行く①

下に伸ばした人差指を前に出しながら、少し上に向ける。

決める②

片方の拳を手のひらにパンチを打つように当てる。

私

人差指で鼻の辺りを指す。

うらやましい

人差指の腹を口の端に当てた状態から下げる。

気づく（＝そうだ）

人差指で軽くこめかみ辺りを突く。

プレゼントをもらう

手のひらの上方で親指と人差指を付け、同時に手前に引く。

頼む

（＝お願いします）

指をそろえて手を立て、拝むように前に出す。

関連単語 国名の表現

イギリス

伸ばした人差指と中指をあごに当て、あごに沿って引く。

フランス

胸に当てた親指を弧を描いて前方に下ろし小指側を腹に付ける。

ドイツ

上に伸ばした人差指を額に当て、少し前に出す。

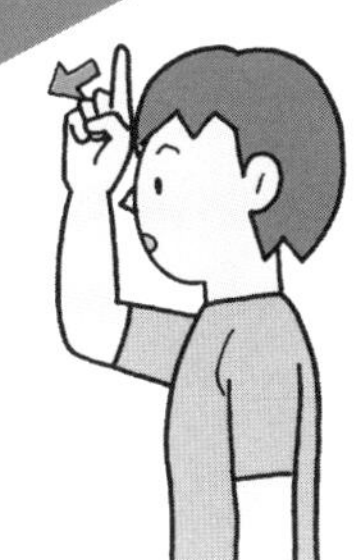

イタリア

親指と人差指を丸く曲げ、ジグザグに下ろす。

インド

伸ばした親指の指先を額に付ける。

オーストラリア

親指・中指を付けた両手を弧を描いて2回前に出しながら指を離す。

中国

親指と人差指の指先を付け、胸の前に置き、横に引いて下げる。

韓国

四指を折って頭の横に置き、斜め下に引いた後、指先をこめかみに付ける。

日本

親指と人差指を伸ばし指先を合わせ、左右に引きながら指を付ける。

「決める」の表し方

日本語の１つの単語が必ず手話の１つの単語に相当するとは限りません。シーン5に「決める」という単語が出てきていますが、P.111に出てくる「決める」とは少し動作が異なっていますね。指を打ち付けるか、拳を打ち付けるかの違いです。どちらも物事を決めるという意味は同じなのですが、この動作を見ておわかりのように拳の方が強い決意が感じられます。

すぐに使える手話フレーズ

「ない」の使い分け

手話の語彙選択は文章の意味によって自然と決まってきます。レッスン7には「したことがない」「うそじゃない」「心配要らない」と、3種類の「ない」が出てきます。それぞれ言葉を変えて「経験が皆無」「うそじゃありません」「心配は必要ない」と考えれば、どの手話で表すのが一番言いたい気持ちが表せるのかわかってくるでしょう。

うそじゃない。心配要らないよ。

うそ①

人差指の先でほおをつつく。

いいえ

立てた片手を左右に振る。

心配

指を軽く曲げた両手を上下に体に付けて、体ごと小刻みに揺らす。

不要

脇辺りに指先を付けた両手を払うように前に出す。

Check 手話と日本語の対応

本書のように書籍などで手話を解説する場合、便宜上、1つの手話に対して1つの日本語を当てはめざるを得ません。しかし、実際はここで説明した「ない」のように、日本語では同じ単語のように見えても、適切な手話が異なることもあります。逆に、「寒い」という表現が、「怖い」や「冬」という意味も表すなど、1つの手話でいくつもの日本語を表現できるものもあるのです。

Lesson 8 食事

ろう者はお話し好きな人が多く、打ち合わせなどが終わった後は必ずと言ってよいほど喫茶店などに行きます。そんなとき誘われると、用事があっても断りづらく、気を遣って参加していませんか？　もしそうだとしたら、そんな気遣いは無用です。はっきり断ってもいいのです。途中で帰ることも OK です。

動画内容

SCENE 1　基本会話
SCENE 2　お店
SCENE 3　食べ物の好み
SCENE 4　取って下さい
SCENE 5　愛妻弁当

動画で学ぼう

https://youtu.be/6kS_QUKnmVk

基本会話

立派なレストランができたのよ！

本当？何料理？

素晴らしい

親指を除く四指を伸ばして鼻の下に置き、ひじの方に水平に動かす。

レストラン

両手で拳を作り、利き手を小さく前後に動かす。

設立

両手の指先を合わせて三角を作り、手前に立てる。

それ

人差指でレストランを指す。

本当？

片手の人差指の側面をあごに当てる。

食べる①

手のひらの上で伸ばした人差指と中指を数回すくうように口元に運ぶ。

内容

囲った手の内側で、伸ばした人差指で数回、円を描く。

何？

立てた人差指を左右に数回、振る。

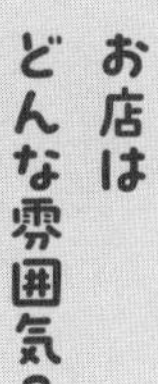

アジア

親指を横に伸ばし、下向きに弧を描いて横に引く。

合う①

（＝〜っぽい）

両手人差指の腹同士を上下に付ける。

いろいろ

親指と人差指を伸ばした片手を軽くひねりながら横へ引いていく。

有る

やや下向きの片手を軽く押さえるように置く。

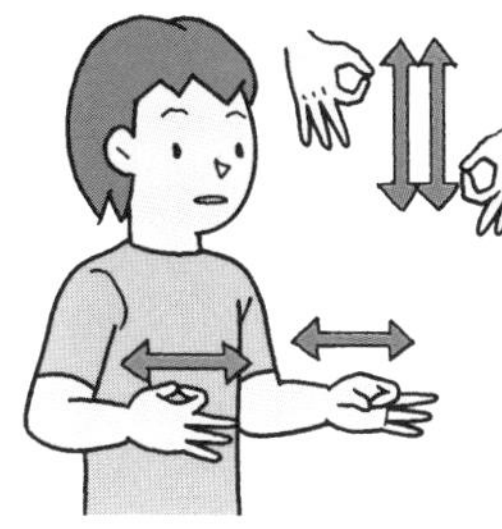

商売（＝店）

両手の親指と人差指で作った輪を、交互に前後させる。

雰囲気

〈匂い〉

伸ばした人差指と中指の指先を鼻の下に近付ける。

〈状態〉

両手のひらを前に向けて、指先を上にし、交互に上下させる。

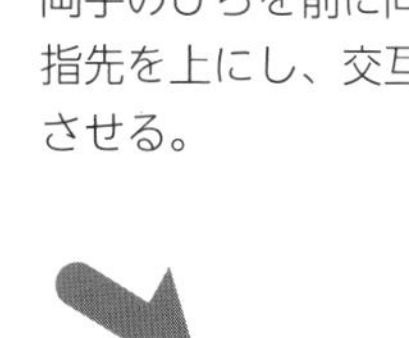

何？

立てた人差指を左右に数回、振る。

内

手の内側に、片方の人差指を上から差し入れる。

広い①

親指と小指を伸ばした両手を、ひじを張りながら左右に離す。

美しい

手のひら同士を上下に重ね、上の手を横へ滑らせるように動かす。

想像（＝〜らしい）

指を軽く曲げた手をこめかみの辺りから斜め上に上げる。

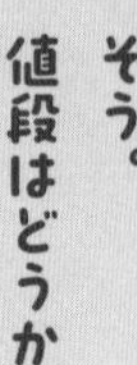

へぇ

自分に向けた手のひらを顔の前で下ろす。

お金

親指と人差指で作った輪を小さく振る。

いくつ①

上向きにした手の指を順に折る。

頃？（＝くらい）

指をそろえた手の指先を前方に向け軽く左右に動かす。

あまり高くないみたい。

驚く

人差指と中指の先を手のひらに付けた状態からぱっと離す。

（値段が）高い②

親指と人差指で輪を作り、上げる。

違う①

親指と人差指を立てて、内側にひねる。

まし②

親指と人差指でつまむ形にして鼻の前に置き、小指側に払う。

安ければいろいろ食べられるね。

安い

親指と人差指で輪を作った手の小指側を片方の手のひらに向けて下ろす。

いろいろ

親指と人差指を伸ばした片手を軽くひねりながら横へ引いていく。

食べる①

手のひらの上で伸ばした人差指と中指を数回すくうように口元に運ぶ。

できる

親指を除く四指の先を反対側の胸に付け、手の側の胸に付ける。

早く行って食べてみたいわね。

来週の土曜の夜に行こうよ。

早い

親指と人差指の先を付けた手を、投げるように横へ動かしつつ指先を離す。

行く①

下に伸ばした人差指を前に出しながら、少し上に向ける。

食べる①

手のひらの上で伸ばした人差指と中指を数回すくうように口元に運ぶ。

試す (=〜してみる)

手のひらを横に向け立てた人差指の先を目の下に軽く２回当てる。

来週

親指・人差指・中指を伸ばした手を、弧を描いて前に出す。

土曜日

指先を下に向けて、こすり合わせる。

夜

両手のひらを前に向け、同時に内側に倒し交差させる。

一緒

人差指を伸ばした両手を左右から水平に付ける。

記念日

<記念>
人差指を頭に付けてから胸の前に下げながら手を握る。

<日>
立てた人差指に、片方の指間を開けた人差指・中指・薬指の先を付ける。

月曜日

親指と人差指を付け、離しながら下ろす。

火曜日①

親指と小指を立て上に向け、手首を回転させながら上げる。

水曜日

手のひらを上に向け、揺らしながら横に引く。

木曜日

両手の親指と人差指を伸ばし、ひじを支点に開くように上げる。

金曜日

親指と人差指で作った輪を小さく振る。

日曜日

人差指を伸ばし唇の前に置き横に動かす。

下向きの手のひらを両側から水平に中央に寄せて、親指側を付ける。

一週間

<一>
人差指を横に伸ばし、他指は握る。

<週>
親指・人差指・中指を伸ばした手を外側に引く。

<間>
手のひらを向かい合わせ、指先を前に向けた両手を同時に少し下ろす。

お店

あそこの店はすごくおいしいよ。

高いのなら遠慮するわ。

それ

人差指でお店を指す。

商売（＝店）

両手の親指と人差指で作った輪を、交互に前後させる。

おいしい①

片手の手のひらであごをぬぐうように引く。

とても

親指と人差指を伸ばし、親指を上にしてひじの方に動かす。

もし

親指と人差指を伸ばし、ほおの辺りに置いてから指先を閉じる。

（値段が）高い②

親指と人差指で輪を作り、上げる。

行く①

下に伸ばした人差指を前に出しながら、少し上に向ける。

止める

上向きの手のひらに、指先を前に向けた片方の手を垂直に下ろす。

関連単語

反対語の表現

重い

指先を向かい合わせた両手を、同時に下ろす。

軽い

上に向けた両手を軽く上げる。

上手

手のひらで、片方の手首から指先にかけてなでる。

下手

手の甲を、片方の手のひらで指先から腕に向けて払うように叩く。

深い

下向きの手のひらの手前で、人差指を下向きに下げていく。

浅い

両手のひらを上下に向かい合わせて、近付ける。

普通

親指と人差指を伸ばした両手を、中央から左右に水平に離していく。

厚い

親指と他四指をすぼめた状態から上下に開く。

薄い②

親指と人差指を近付け中央に並べた両手を、左右に離していく。

ポイント 「おいしい」の表現の仕方

「おいしい」の表現方法はシーン2の表現の他にもいくつかあります。例えば、【拳であごをさする】という表現があります。この手話は主に男性の表現であり、いかにも「うまい」という言葉が合いそうですね。また、P20に出てくる【手と同じ側のほおを手のひらで軽く叩く】という表現もあり、こちらは主に女性が用いる表現といえます。

食べ物の好み

食べる①

手のひらの上で伸ばした人差指と中指を数回すくうように口元に運ぶ。

苦手

自分に向けた手のひらの中指の腹の辺りを鼻に付ける。

有る

やや下向きの片手を軽く押さえるように置く。

あなた？

相手を人差指で指す。

辛い

指を曲げて口の前に置き、小さく円を描く。

だめになる

軽く握った両拳を開きながら上げる。

甘い

手のひらを手前に向け口元で回す。

オーケー

親指と人差指で輪を作り、少し前に出す。

関連単語

味覚の表現

味

舌を指した人差指を少し下げる。

酸っぱい

指先をすぼめて口元に置き、開きながら斜め前に下ろす。

まずい

手のひらの指の部分をあごに当ててから下ろす。

空腹

お腹に当てた手のひらを、内側に弧を描くように動かす。

匂い

伸ばした人差指と中指の指先を鼻の下に近付ける。

満腹②

腹に付けた手を、前方に置いた片方の手のひらに当てる。

ポイント 「ない」を使った疑問文

「ない」という言葉を使った手話表現には注意が必要です。シーン3の「苦手な食べ物はないの？」という文は、「苦手な食べ物はあるの？」と尋ねても同じ意味合いになりますが、手話では「ある？」と聞きます。どちらの尋ね方も「ある」か「ない」かを聞いており、あれば具体的にどんなものなのかが答えとして返ってきます。その他に、日本語では「行く？」と同じ意味で「行かない？」と聞くこともありますね。この質問は、どちらかといえば質問というよりも、「行こうよ」という誘いの意味合いが強いのです。この「行かない？」というニュアンスで尋ねたいときには、日本語通りに手話単語を当てはめて「行く」＋「ない」で表現しないでください。「行く」＋「ない」で表現した場合は、その言葉のままの意味「行きません」と誤解されてしまいます。日本語と手話は、必ずしも1対1の関係にはならないので注意しましょう。

取って下さい

そこの塩を取ってくれる？

少ししかないから交換してもらおう。

それ

人差指で塩を指す。

塩

軽く指を曲げた手を口の前で左右に2回振る。

取る

下向きに開いた手のひらを前に置き、握りながら手前に引く。

頼む（＝～して下さい）

指をそろえて手を立て、拝むように前に出す。

消耗

両手の人差指と中指を伸ばして重ね、そのまま下ろす。

替わる（＝交換）

人差指と中指を伸ばした手を下向きから反転させる。

注文

親指を折り、他四指をそろえて立てた手を口元に立て、斜め上に出す。

良い

拳を鼻の前に置き、前に向けて出す。

関連単語

魚

指先を横に向けた手を振りながら横に動かす。

果物

軽く曲げた両手を前に出し、小さく交互に上下させながら左右に開く。

米

親指と人差指を付け、唇の端に付ける。

スパゲッティ

人差指・中指・薬指を伸ばした手を斜め下に向けて数回ひねる。

卵

軽く指を曲げた両手の指先を合わせ、左右に開く。

豆腐

手のひらの上で、立てた手のひらの小指側を縦に２回垂直に下ろす。

肉

手の甲の皮を、片方の親指と人差指でつまむ。

バナナ

軽く握った手の上から片方の手で皮をむくように何度か下ろす。

ラーメン

伸ばした人差指と中指をからませて横にし、上下させる。

豆知識　「消耗」の手の意味

「消耗」という表現における両手の最初の位置は、物の一番上の表面を表しています。下げると「減る」、逆に下から上に上げると「増える」になります。対象は、粉状のものでも水状のものでも使えます。ストレスが溜まるという場合やストレスを発散するという場合など、目に見えないものを表す場合にも使います。

愛妻弁当

愛妻弁当ね。

いつも
おいしいんだよ！
うらやましい
でしょ。

妻

小指を立てた拳を体の近くから少し横へ動かす。

愛

手の甲を、片方の手のひらでなでる。

弁当

少し丸くした手の親指側を、片方の手のひらでこするように手前に引く。

へぇ

自分に向けた手のひらを顔の前で下ろす。

いつも

親指と人差指を伸ばした両手を手首を軸に下から前へと同時に回す。

おいしい①

片手の手のひらであごをぬぐうように引く。

うらやましい

人差指の腹を口の端に当てた状態から下げる。

あなた？

相手を人差指で指す。

結婚に関する表現

恋愛

人差指を伸ばし両脇から指先を下に向け胸の前で指先を交差させる。

プロポーズ

<ハート>
両手の親指と人差指の指先同士を付けて前に出す。

<申し込む>
上向きの手のひらの上に片方の人差指を置き、同時に前に出す。

デート

親指と小指を立て、手のひらを前に向け、軽く２回前に出す。

婚約

<結婚>
親指を立てた手と小指を立てた手を左右から寄せて胸の前で付ける。

<約束>
両手の小指をからませる。

つなぐ

甲を上にした両拳を並べ、左右から寄せて中央で付ける。

新婚旅行

<結婚>
親指を立てた手と小指を立てた手を左右から寄せて胸の前で付ける。

<旅行>
指先を前に向けた手の横で、人差指と中指を伸ばした手で垂直に円を描く。

離婚

親指を立てた手と小指を立てた手を付けた状態から左右に離していく。

すぐに使える手話フレーズ

食べる

手話では、1つの日本語に対していくつかの手話が対応することがあります。例えば、食べるという日本語は、和食の場合だとお箸を使っているような動作を、洋食の場合だとフォークとナイフを使っている動作を、お菓子の場合だとつまんで食べている動作をすることで表されます。食べるものによって動作を使い分けて、正しい意味を表しましょう。

お米を食べたいです。

米

親指と人差指を付け、唇の端に付ける。

食べる①

手のひらの上で伸ばした人差指と中指を数回すくうように口元に運ぶ。

好き

親指と人差指を伸ばしてあごに付け、下ろしながら指先を閉じる。

反対語

手話の反対語の表現にはいくつかのパターンがあります。1つ目は、手の形は同じで動きがまったく逆のものです（「安い」と「高い」など）。2つ目は、動きは同じで手や指の使い方が違うものです（「好き」と「嫌い」など）。3つ目は、手の形は同じでも動きが異なるものです（「慌てる」と「落ち着く」など）。これらは一緒に覚えるとよいでしょう。他に、手の形も動きも異なるものもあります。

Lesson 9 トラブル

何かトラブルが起こったとき、ろう者がすぐに情報を得るのは困難です。例えば、乗っていた電車が突然停車してなかなか発車しないようなときには、車内アナウンスが聞こえないので不安になってしまいます。近くにろう者がいれば、他人であっても、あなたが知り得た情報を教えてあげてください。

動画内容

SCENE 1　基本会話
SCENE 2　お金を借りる
SCENE 3　怪我
SCENE 4　おわび
SCENE 5　故障

動画で学ぼう

https://youtu.be/9hB8MDW6CgU

基本会話

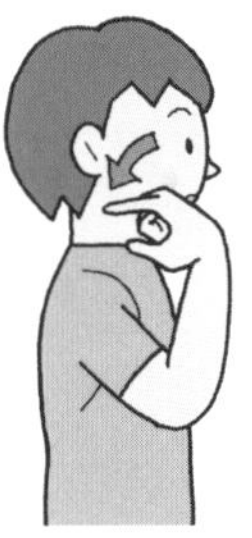

昨日

立てた人差指を肩から後ろに倒す。

車（＝運転）

両手を軽く握り、車のハンドルを動かすようにする。

交通事故

両手の指先を向かい合わせ近付け、ぶつけた後、はね上げる。

私

人差指で鼻の辺りを指す。

本当？

片手の人差指の側面をあごに当てる。

できる？（＝大丈夫？）

親指を除く四指の先を反対側の胸に付け、手の側の胸に付ける。

交通事故

両手の指先を向かい合わせ近付け、ぶつけた後、はね上げる。

何？

立てた人差指を左右に数回、振る。

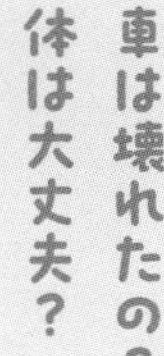

相手

やや丸めた片手の手のひらを自分に向けて胸の前に置く。

信号

指先を軽く付けた手を頭の前に出し、指をパッパッと開く。

無視

伸ばした人差指と中指を自分に向け、指先を小指側に払う。

ムカつく

胸に付けた手のひらを少し持ち上げながら手首を返す。

車

両手を軽く握り、車のハンドルを動かすようにする。

壊す？

両手の拳の親指側を付けてから折るように離す。

体

手のひらで円を描く。

できる？
（＝大丈夫？）

親指を除く四指の先を反対側の胸に付け、手の側の胸に付ける。

前のライトが壊れた

両手でヘッドライトを示し、片方の手首を落とす。

私

人差指で鼻の辺りを指す。

体

手のひらで円を描く。

できる（＝大丈夫）

親指を除く四指の先を反対側の胸に付け、手の側の胸に付ける。

あなた

相手を人差指で指す。

無事

下向きの両手のひらの指の部分を重ねてから、左右に水平に離す。

ホッとする

人差指と中指の先を鼻に向けた手を斜め前方に下ろす。

ポイント

前のライトがやられた！

「車」＋「ヘッドライト」＋「右側」＋「壊れる」と表現してもよいのですが、シーン１のように表現するほうが、どこがどう壊れたかよく伝わります。手話は、状況をありのままに表現することができるのです。

でも相手は
そのまま
逃げたんだ。
ムカつくよ。

しかし

前方に向けた手のひらを自分の方にひっくり返す。

逃げる①

下向きの手のひらの下から伸ばした人差指と中指を斜め前に出す。

あれ

人差指で斜め前方または斜め後方を指す。

ムカつく

胸に付けた手のひらを少し持ち上げながら手首を返す。

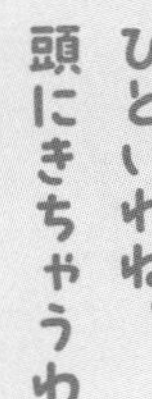

悪い

人差指を立て、鼻の脇から斜めに下ろす。

あれ

人差指で斜め前方または斜め後方を指す。

頭にくる

人差指を頭に当てた後、勢いよく斜めに振り下ろす。

本当

片手の人差指の側面をあごに当てる。

私

人差指で鼻の辺りを指す。

警察

親指と曲げた人差指で弧を作り、親指を頭に付ける。

言う①

指先をすぼめて前に向けた手を、口元から指を広げながら前に出す。

終わり（=～した）

上に向けた両手の指を、すぼめながら下ろす。

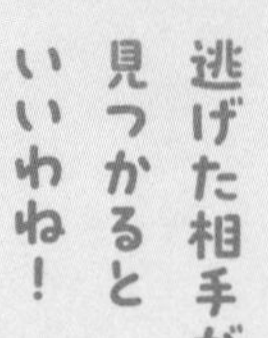

逃げる①

下向きの手のひらの下から伸ばした人差指と中指を斜め前に出す。

あれ

人差指で斜め前方または斜め後方を指す。

発見

曲げた人差指と中指の指先を顔に向けて置き、斜め上に素早く上げる。

良い

拳を鼻の前に置き、前に向けて出す。

関連単語

市役所

<市>
親指・人差指・中指を伸ばした手を体の前に置く。

<講演>
下向きの手のひらの指先に片方の手のひじを付け、前後に振る。

<場所>
指を軽く曲げた手を下向きにし、置くように少し下げる。

郵便局

<郵便>
人差指と中指を伸ばし、下から片方の人差指を中指に付ける。

<場所>
指を軽く曲げた手を下向きにし、置くように少し下げる。

美容院

やや丸めた両手を、頭の左右から何度か回転させながら下ろす。

ポイント 「無視」の表現方法

「無視」という表現における２本の指は、相手の目線を意味しています。最初は自分に向かっていた目線をパッと逸らせる動きなので、「無視」するという意味になります。なお、最初の指は必ず自分に向いていなければならないわけではありません。「信号無視」と表す場合、「信号」を表していた位置に、最初に２本の指を向けてから逸らせることで表現することもあるのです。

ポイント 「壊す」と「壊れる」について

手話では、「壊す」も「壊れる」も同じ単語です。では、どうやって区別するのでしょうか？　区別するためのポイントは前後の文や指差しにあります。ここが手話の面白さでもありますので、ろう者の表現から学んでください。

お金を借りる

財布を落としちゃったのよ。1000円貸してよ。

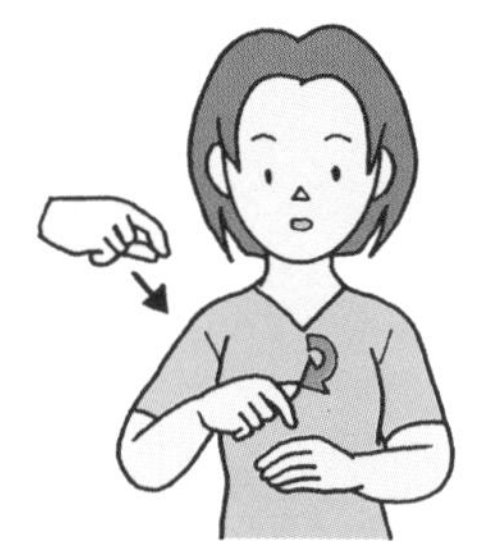

財布

手のひらを自分に向けて、片方の親指と人差指でひねる動作をする。

落とす

下向きにすぼめた手を体のやや横で下ろしつつ指を開く。

後悔

(=〜してしまった)

手のひらの小指側を首の辺りに付ける。

私

人差指で鼻の辺りを指す。

1000

小指を立て、他指は伸ばして指先を付けて前に向け、少し横に引く。

円

親指と曲げた人差指を向かい合わせて前に向け、少し横に引く。

借りる

前方に出した手を引きながら指先をすぼめる。

頼む(=お願いします)

指をそろえて手を立て、拝むように前に出す。

構わない（＝いいよ）

小指を立て、あごに付ける。

あなた

相手を人差指で指す。

なくす

両手のひらを前に向けて左右に置き、握りながら交差させる。

繰り返し

軽く指を曲げた手のひらを前方に向け、回しながら斜め下に下げる。

いつも

親指と人差指を伸ばした両手を手首を軸に下から前へと同時に回す。

あなた

相手を人差指で指す。

おかしい

人差指の先をあごに付けたまま小さくねじる。

あなた

相手を人差指で指す。

怪我

ねえ、その足どうしたの？一昨日会ったときはなんともなかったのに！

呼ぶ

手のひらを前に向け、呼び込むように手を倒す。

それ

人差指で相手の足を指す。

どうやって？

親指と小指を伸ばし、小指を下に親指を鼻に付ける。

一昨日

立てた人差指と中指を肩から後ろに倒す。

会う②

人差指を立て、前後に向かい合わせた両手を近付け、拳同士を付ける。

できる

親指を除く四指の先を反対側の胸に付け、手の側の胸に付ける。

元気

両手の拳を下に向け同時に軽く下に２回動かす。

あなた

相手を人差指で指す。

サッカーの試合中にドジって、骨を折っちゃったんだ。

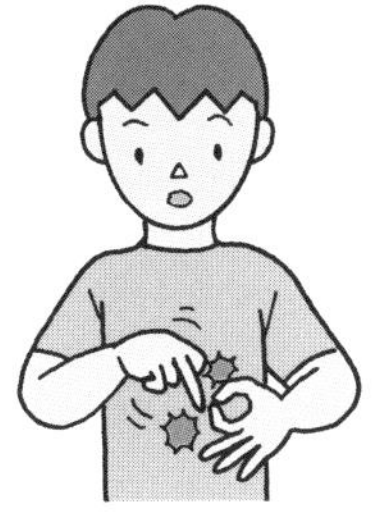

サッカー

親指と人差指で輪を作り、片方の中指でそれを２回弾く。

試合

親指を立てた両拳を左右から上に上げ、中央で付ける。

場所

指を軽く曲げた手を下向きにし、置くように少し下げる。

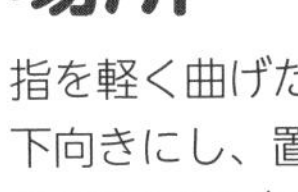

私

人差指で鼻の辺りを指す。

後悔

手のひらの小指側を首の辺りに付ける。

これ

人差指で自分の足を指す。

骨

軽く曲げた両手の指先を胸の中央に縦に付け、左右に同時に引く。

壊す

両手の拳の親指側を付けてから折るように離す。

おわび

昨日

立てた人差指を肩から後ろに倒す。

休み

下向きの手のひらを両側から水平に中央に寄せて、親指側を付ける。

ごめんなさい

〈迷惑〉
親指と人差指を付けた指先を眉間に付ける。

〈頼む〉
その指を伸ばし、前に出す。

迷惑②

眉間をつまむように拳を付ける。

連絡をもらう

両手の親指と人差指で作った輪を、鎖のようにつなげて手前に引く。

ない③

前に向けた両手のひらが自分に向くよう手首を回転させる。

不満

手のひらを胸に付け、勢いよく前に出す。

トラブルに関する表現

言い争う

指を曲げた両手の爪側をぶつけながら上げる。

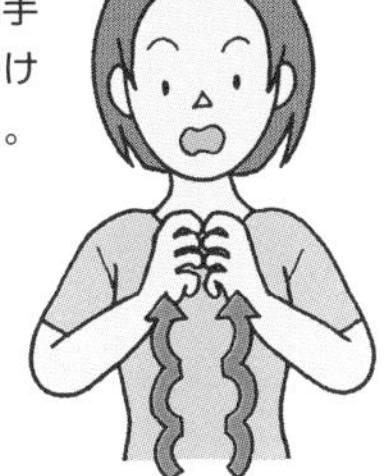

安心

両手の手のひらを胸に当て同時になで下ろす。

慌てる

小指側を自分に向けた、上向きの両手を体の近くで交互に上下させる。

言い訳

両手の人差指を上と横に向けた後、逆方向の上と横に向ける。

盗む

人差指を曲げた手を倒し、手前に引く。

妬む

伸ばした人差指と中指を鼻に付け、交互に数回付け離しする。

疑う

親指と人差指の指先をあごに付ける。

打ち明ける

すぼめた片手を口元に付け、山なりに前方へ出しながら指を開く。

恨む

親指と人差指を近付けて交差した両手を横に動かし、親指と人差指を伸ばす。

不倫

手のひらを上にし指先を向かい合わせた両手を同時に横へ動かす。

いじめる

親指と人差指の先を付けた手で、片方の親指を斜め上からつつく。

故障

トイレ①

親指と人差指でCの形を作り、他三指を立てる。

水

手のひらを上に向け、揺らしながら横に引く。

壊す

両手の拳の親指側を付けてから折るように離す。

流れ続ける

立てた手の上を、片方の手で何度か滑らせ前に指を下げる。

困る①

指を軽く曲げた手を頭の横に置き、軽く前後に動かす。

誰

親指以外の四指を軽く曲げ指の背をほおに付ける。

助けられる

親指を立てた手の甲を、横にした片方の手で叩きながら手前に引く。

頼む

（＝お願いします）

指をそろえて手を立て、拝むように前に出す。

早く修理をお願いしなくちゃ。電話番号を調べるね。

早い（＝早く）

親指と人差指の先を付けた手を、投げるように横へ動かしつつ指先を離す。

直す

両手の人差指を立て、手の甲を前に向けて数回交差させる。

注文

親指を折り、他四指をそろえて立てた手を口元に立て、斜め上に出す。

必要

両手の四指の先を脇付近の胸に同時に当てる。

電話

親指と小指を伸ばし、耳元に当てる。

数（＝番号）

両手の人差指・中指・薬指を立て、小指側を２回付ける。

調べる

人差指と中指を曲げて目の前に置き、左右に数回動かす。

私

人差指で鼻の辺りを指す。

すぐに使える手話フレーズ

「〜から」の使い方

手話の中で出てくる「〜から」という表現は場所の始まりだけではなく、時間の始まりを表すこともできます。終わりを示すときは「〜まで」を使い、始まりから終わりまでの継続を表したいときには「間」を使いましょう。

朝からお腹がすいている。

朝

片手の拳をこめかみ辺りから下ろす。

〜から

指先を前方に向け、手首を軸に自分側に振る。

お腹がすく

お腹に当てた手のひらを、内側に弧を描くように動かす。

状況の表し方

手話単語を組み合わせてさまざまな状況を表現することができます。しかし、それでは意味は伝えられても細かなニュアンスまでは伝えられなかったり、より多くの説明を要したりします。状況をそのまま伝える表現とは、音声言語で言うなら、「怪談話」で擬音を多用して臨場感を出すのと同じです。決まった方法はありませんので挑戦してみましょう。

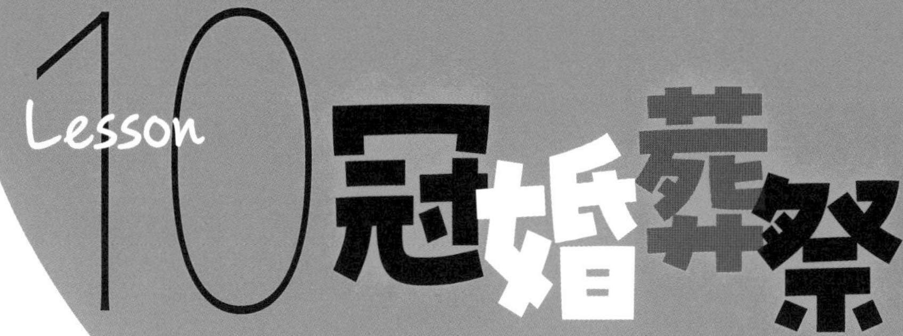

Lesson 10 冠婚葬祭

ろう者のお友達の結婚披露宴に呼ばれることもあるでしょう。そのような席には決まって手話通訳者が手配されています。スピーチを頼まれることもあるかもしれません。当事者はあなたのお話を直接聞きたいのでしょうから、遠慮なくご自身の手話でスピーチをしてくださいね。

動画内容

SCENE 1　基本会話
SCENE 2　お葬式
SCENE 3　成人
SCENE 4　七五三
SCENE 5　お祝い

動画で学ぼう

https://youtu.be/94eVwf7Z2s0

scene 1

基本会話

お嬢様のご結婚、まことにおめでとうございます。

わざわざおいでいただき、ありがとうございます。

娘

立てた小指を、腹の前から下げながら前に出す。

結婚

親指を立てた手と小指を立てた手を左右から寄せて胸の前で付ける。

本当

片手の人差指の側面をあごに当てる。

祝う

軽く握った両手を、同時に指を開きながら上げる。

わざわざ

軽く指先を開いて曲げた両手を頭の脇に置き、前に２回出す。

いらっしゃる

人差指を立てた拳を片方の手のひらに乗せて手前に引く。

本当

片手の人差指の側面をあごに当てる。

ありがとう

手の甲に、片方の手のひらの小指側を垂直に当てて上げる。

とんでもない。お相手はどんな方ですか？

娘

立てた小指を、腹の前から下げながら前に出す。

夫

親指を立てた拳を体の近くから少し横へ動かす。

それ

人差指で夫を示す親指を指す。

誰？

親指以外の四指を軽く曲げ指の背をほおに付ける。

会社

両手の人差指と中指を立てて頭の脇に置き、前後に交互に動かす。

同じ

両手の親指と人差指を同時に２回、付けたり離したりする。

先輩

指先を横に向けて軽く指を曲げた手を少し弧を描きながら上げる。

あれ

人差指で斜め前方または斜め後方を指す。

お嬢様の
花嫁姿が
楽しみです。

早い（＝早く）

親指と人差指の先を付けた手を、投げるように横へ動かしつつ指先を離す。

娘

立てた小指を、腹の前から下げながら前に出す。

美しい

手のひら同士を上下に重ね、上の手を横へ滑らせるように動かす。

花嫁

自分に向けた両手のひらを、額の前から左右に離し頭の横まで回す。

見る②

親指と人差指で作った輪を目の辺りから前に出す。

好き（＝〜したい）

親指と人差指を伸ばしてあごに付け、下ろしながら指先を閉じる。

楽しみです

自分に向けた手のひらを上下に数回交互に動かす。

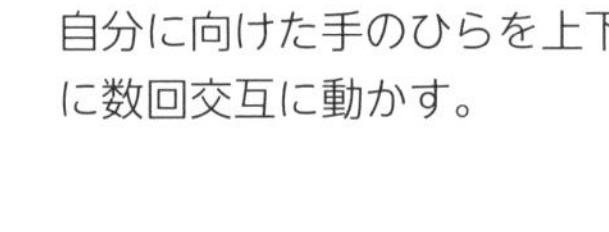

親指以外の四指を曲げ、指先をあごの下に付ける。

今

下向きの両手のひらを同時に少し下げる。

式

手のひらを前に向けた両手を並べ、親指を残した四指を折る。

用意

両手の指先を前に向け、同時に水平に横に動かす。

中②

親指と人差指を近付けた手の上に、伸ばした人差指を当てる。

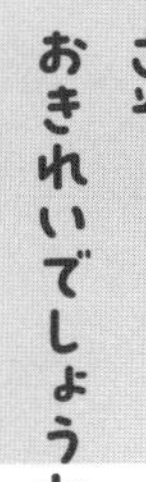

あれ

人差指で斜め前方または斜め後方を指す。

美しい

手のひら同士を上下に重ね、上の手を横へ滑らせるように動かす。

とても

親指と人差指を伸ばし、親指を上にしてひじの方に動かす。

そう

(=～でしょう)

親指と人差指を前方で数回付ける。

本当（＝実は）

片手の人差指の側面をあごに当てる。

見る②

親指と人差指で作った輪を目の辺りから前に出す。

まだ

指先を前に向けた手のひらに、片方の指先を向け、軽く上下に振る。

私

人差指で鼻の辺りを指す。

結婚

親指を立てた手と小指を立てた手を左右から寄せて胸の前で付ける。

式

手のひらを前に向けた両手を並べ、親指を残した四指を折る。

私

人差指で鼻の辺りを指す。

見る①

人差指と中指を伸ばし目の高さから指先を前方に向けて出す。

そのまま

両手のひらを斜め下に向けて止める。
※「どうかそのまま」の意味の場合は２回動かす。

休憩

指先を付けて向かい合わせた両手を水平に交差させる動きを繰り返す。

暇

両手のひらを上向きにして、だらんと左右へ同時に下ろす。

頼む

（＝～して下さい）

指をそろえて手を立て、拝むように前に出す。

相づち

相づちは、会話を弾ませる大切な表現です。日本語でも、"へぇ"とか"なるほどね"などと相づちを打ちますね。イントネーションを変えて気持ちを表すこともできます。手話にも「そう」「なるほど」「本当？」などいろいろなニュアンスの相づちがあります。うなずくことだけでもＯＫです。しかし、手話の初心者は手の形や動きが気になってしまって、気持ちが抜け落ちてしまいがちです。聴者同士の会話でも、表情が伴っていない相づちではなかなか会話は弾みませんね。手話も同じです。相手の話を引き出せるような話の聞き方を身に付けてください。

お葬式

この度は御愁傷様です。一昨日、友達からメールをもらって、びっくりしてしまいました。

過去

甲側を前に向けた手を、後方に倒す。

本当

片手の人差指の側面をあごに当てる。

悲しい

親指と人差指を付け、指先を目の下から下げながらほおに数回付ける。

一昨日

立てた人差指と中指を肩から後ろに倒す。

友達

両手を合わせて組み、小さく回す。

メールをもらう

親指と人差指で作った輪を自分に向けて引く。

驚く

人差指と中指の先を手のひらに付けた状態からぱっと離す。

私

人差指で鼻の辺りを指す。

今日はわざわざ
遠くから
お越しくださいまして、
ありがとうございます。

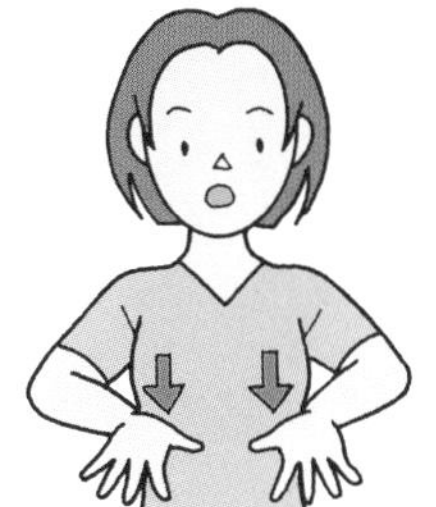

今

下向きの両手のひらを同時に少し下げる。

わざわざ

軽く指先を開いて曲げた両手を頭の脇に置き、前に2回出す。

ここ

人差指で自分の近くにある物を指す。

遠い

親指と人差指を閉じた両手の先を付け、片手だけ山なりに前に出す。

場所

指を軽く曲げた手を下向きにし、置くように少し下げる。

来る①

人差指を立てて、指の腹を自分に向けて引く。

本当

片手の人差指の側面をあごに当てる。

ありがとう

手の甲に、片方の手のひらの小指側を垂直に当てて上げる。

成人

大人の仲間入りおめでとう！ご両親はお喜びですね。

いくつ②（＝歳）

あごに手のひらの親指側を付け、指を順に折る。

20

甲を後ろに向けた手の人差指と中指を伸ばしてから曲げる。

大人

手のひらを折り、向かい合わせた両手を肩の高さから同時に上げる。

世界

両手の指を軽く曲げて向かい合わせ、前にぐるっと回転させる。

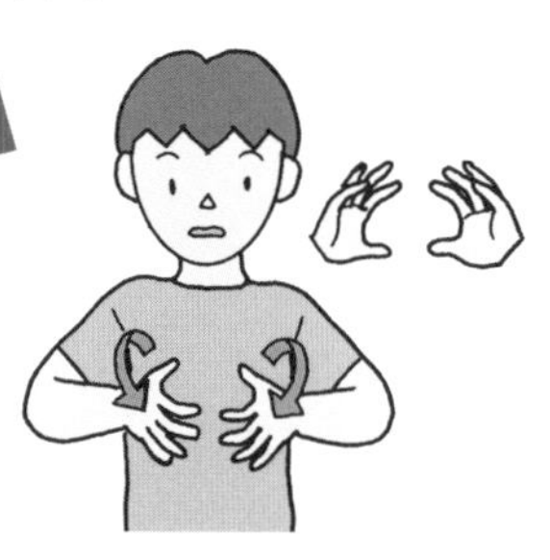

祝う（＝おめでとう）

軽く握った両手を、同時に指を開きながら上げる。

両親

人差指をほおに当て斜めに上げ指を折り、親指と小指を立て手首を軽く振る。

楽しい（＝喜ぶ）

自分に向けた手のひらを上下に数回交互に動かす。

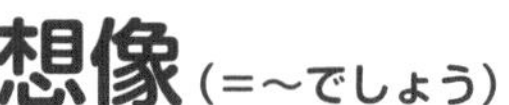

想像（＝～でしょう）

指を軽く曲げた手をこめかみの辺りから斜め上に上げる。

これからは
あなたとお酒が
飲めるので、
うれしいです。

未来

手のひらを前方に向け、そのまま前に出す。

あなた

相手を人差指で指す。

私

人差指で鼻の辺りを指す。

飲む①

親指と人差指で半円を作り、口元で斜めに動かす。

宴会

両手の親指と人差指を曲げ、上下に置いて、水平に交互に回す。

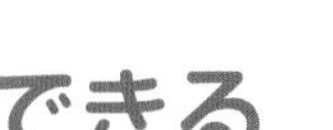

できる

親指を除く四指の先を反対側の胸に付け、手の側の胸に付ける。

楽しい（=嬉しい）

自分に向けた手のひらを上下に数回交互に動かす。

私

人差指で鼻の辺りを指す。

七五三

娘が7才で、秋に七五三を祝うんです。

娘

立てた小指を、腹の前から下げながら前に出す。

いくつ②（=歳）

あごに手のひらの親指側を付け、指を順に折る。

7

親指・人差指・中指を伸ばし横に向ける。

秋

指を開いた両手を顔の脇に置き、前後に数回、動かす。

七五三

<七>
親指・人差指・中指を伸ばし横に向ける。

<五>
親指を横に伸ばし他四指は握る。

<三>
人差指・中指・薬指を伸ばし横に向ける。

やる

拳を作った両手を同時に前に出す。

祝う（＝おめでとう）

軽く握った両手を、同時に指を開きながら上げる。

過去

甲側を前に向けた手を、後方に倒す。

結婚

親指を立てた手と小指を立てた手を左右から寄せて胸の前で付ける。

思う

伸ばした人差指の先をこめかみ辺りに付ける。

成長

手のひらを折り、向かい合わせた両手を肩より下の高さから同時に上げる。

あっという間（＝もう）

指先を下向きにし並べた両手を同時に内側へブラブラ揺らす。

過去の表現方法

「過去」を表現するときは、時間がどれくらい経過したかによって、手の動かし方が異なります。例えば、"ほんのちょっと前"なら、指先だけを２回程後ろに振ります。"ちょっと前"なら小さく指だけを、"少し前"なら手のひらを後ろに倒します。"かなり前"であれば、手首から倒して表現します。

お祝い

ねえ、
お父様が
還暦だそうですね。
おめでとう。

呼ぶ（=ねえ）

手のひらを前に向け、呼び込むように手を倒す。

あなた

相手を人差指で指す。

父

人差指をほおに当て、斜めに上げながら人差指を折り親指を立てる。

いくつ②（=歳）

あごに手のひらの親指側を付け、指を順に折る。

60

親指と人差指を伸ばしてから曲げ、甲を前に向ける。

充分（ぴったり）

手を軽く握りながら鼻に付けてうなずく。

そう（=～よね）

親指と人差指を前方で数回付ける。

祝う（=おめでとう）

軽く握った両手を、同時に指を開きながら上げる。

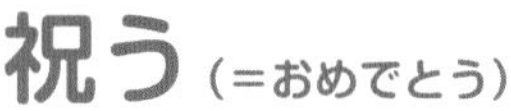

父は祝われるのを嫌がっていて断っています。

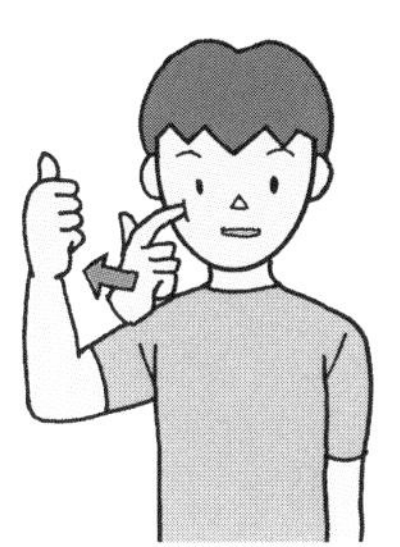

父

人差指をほおに当て、斜めに上げながら人差指を折り親指を立てる。

祝う

軽く握った両手を、同時に指を開きながら上げる。

もらう

上向きの両手のひらを自分側に引く。

嫌

親指と人差指を少し曲げた指先を胸にトントンと付ける。

いいえ

立てた片手を左右に振る。

断る

手のひらを前方に向けた手に片方の手の指先を付け前に押し出す。

中②

親指と人差指を近付けた手の上に、伸ばした人差指を当てる。

あれ

人差指で斜め前方または斜め後方を指す。

すぐに使える手話フレーズ

丁寧な表現

丁寧語について見てみましょう。丁寧語は、相手を敬う心が表れた話し方といえます。横柄な態度ではどんな丁寧語を使っても失礼になってしまうのは、日本語で丁寧語を使うときも同じですね。したがって、手話の単語をどう表現するかということ以前に、相手を敬い尊重する態度が大切です。その上で、「行く」よりも丁寧な意味を持つ「行く②」を使うことで「伺う」と表現することができます。

ご自宅にお伺いしてもいいですか？

あなた

相手を人差指で指す。

家

指を伸ばし斜めにした両手の先を付け合わせる。

行く②

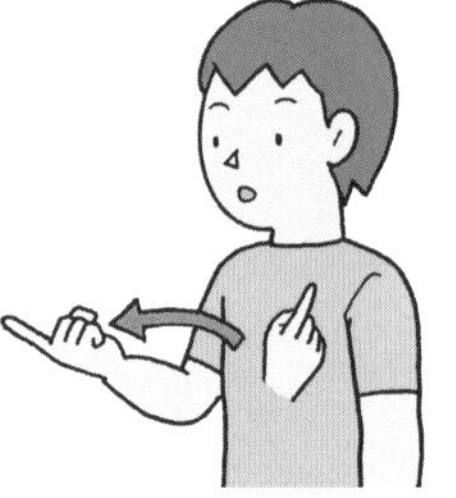

立てた人差指をやや山なりに前に出す。(丁寧な表現)

構わない

小指を立て、あごに付ける。

話し相手によって表現が変わるのは日本語でも手話でも同じです。先輩に対しては「お伺いしても構いませんか？」＝「私」＋「伺う（人差指または親指を上向き）」＋「構わない？」になりますし、友達の場合には「行ってもいい？」＝「私」＋「行く（人差指を下向き）」＋「構わない？」になります。

Lesson 11 病院

体調が悪くて病院に行ったとき、普段から仲の良いお友達が、医者や薬剤師との間に立って手話通訳をしてくれると安心できるものです。もしも通訳をお願いされても、難しい言葉は筆談で構わないので、無理だとは思わないで一緒に付き添ってあげてください。

動画内容

SCENE 1　基本会話
SCENE 2　入院
SCENE 3　お見舞い
SCENE 4　受診
SCENE 5　検査

動画で学ぼう

https://youtu.be/y1C1M0AJVfU

基本会話

どうしましたか？

お腹が痛くて…。
体調が悪いんです。

あなた

相手を人差指で指す。

体

手のひらで円を描く。

悪い

人差指を立て、鼻の脇から斜めに下ろす。

何？

立てた人差指を左右に数回、振る。

これ

人差指で自分のお腹を指す。

痛い

手のひらをやや上に向け指を曲げた手を痛い場所の近くで小さく揺らす。

体

手のひらで円を描く。

不快

上向きの両手のひらをすぼめながら左右から近付け、指の背同士をぶつける。

いつ

甲を前に向け上下にした両手の指を、同時に親指から順に折っていく。

～から

指先を前方に向け、手首を軸に自分側に振る。

痛い

手のひらをやや上に向け指を曲げた手を小さく揺らす。

始まる？

前に向けた両手のひらを、中央から左右へ少し弧を描くように開く。

昨日

立てた人差指を肩から後ろに倒す。

昼

人差指と中指を立てて人差指の側面を額に付ける。

～から

指先を前方に向け、手首を軸に自分側に振る。

痛い

手のひらをやや上に向け指を曲げた手を痛い場所の近くで小さく揺らす。

下痢は
していますか？

今

下向きの両手のひらを同時に少し下げる。

下痢

筒状の手から軽く握った手を、２回指を開きながら下げる。

中②

親指と人差指を近付けた手の上に、伸ばした人差指を当てる。

あなた？

相手を人差指で指す。

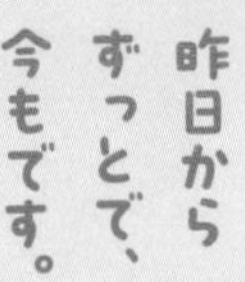

昨日から
ずっとで、
今もです。

昨日

立てた人差指を肩から後ろに倒す。

～から

指先を前方に向け、手首を軸に自分側に振る。

固い①（＝ずっと）

親指を上にして親指と人差指を曲げ、斜め下に力を入れて下ろす。

体温計（＝体温）

人差指を伸ばして脇にはさむ。

調べる

人差指と中指を曲げて目の前に置き、左右に数回動かす。

終わり

（＝〜した）

上に向けた両手の指を、すぼめながら下ろす。

あなた？

相手を人差指で指す。

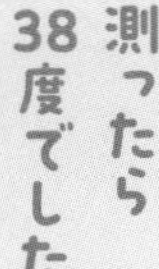

体温計（＝体温）

人差指を伸ばして脇にはさむ。

調べる

人差指と中指を曲げて目の前に置き、左右に数回動かす。

38

人差指・中指・薬指を曲げ、手のひらを横にし小指以外を伸ばす。

私

人差指で鼻の辺りを指す。

風邪ですね。
薬を出しますね。

風邪

拳を口に近付け、咳をするしぐさをする。

あなた

相手を人差指で指す。

薬

上向きの手のひらの上に片方の薬指を付けて小さく揺らす。

あげる

両手を並べて前方へ山なりに出す。

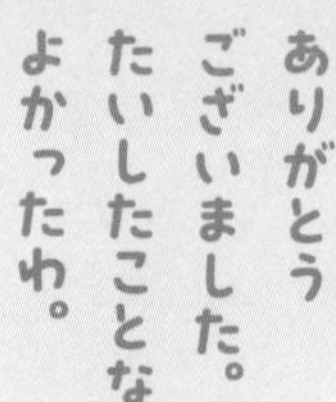

ありがとう

手の甲に、片方の手のひらの小指側を垂直に当てて上げる。

軽い

上に向けた両手を軽く上げる。

ホッとする

人差指と中指の先を鼻に向けた手を斜め前方に下ろす。

私

人差指で鼻の辺りを指す。

便秘

筒状にした手の中に、すぼめた手の指先だけを入れる。

嘔吐

あごの下に置いた、軽く開いた手を弧を描くように前に出す。

目まい

両手の伸ばした人差指を目に向けて交互に回す。

貧血

小指を立て他四指の先を付けた手で二の腕から手首にかけてなぞる。

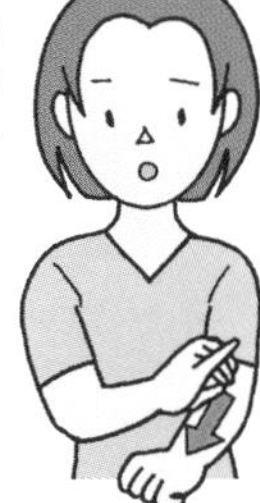

親指の腹を、あごに下から２回ほど当てる。

ぼける

額の前で重ねた両手を、指を開きながら斜めに下ろす。

糖尿病

手のひらを手前に向け口元で回す。

人差指を腹の前で手首を軸にして数回下向きに振る。

<病気>
拳の親指側で額を軽く叩く。

エイズ

五指を曲げた手の甲を２回、額に当てる。

怪我

両手の人差指を伸ばし交互にほおに当て、あごに向かって引く。

やけど

握った指を開きながら腕に沿って上げる。

入院

入院してどのくらいなの？

もう1か月以上よ！うんざりだわ。

あなた

相手を人差指で指す。

入院

指をやや曲げた四指と親指の間に、伸ばした人差指と中指を入れる。

間

手のひらを向かい合わせ、指先を前に向けた両手を同時に少しおろす。

いくつ①？

上向きにした手の指を順に折る。

あっという間

(=もう)

指先を下向きにし並べた両手を同時に内側へブラブラ揺らす。

1か月

人差指をほおに付け、手首を回し人差指を顔の前に出す。

以上

手の甲を上下に重ね、上の手だけそのまま上げる。

うんざり

親指と人差指を伸ばし向かい合わせた両手を頭の横から下ろす。

手術

下向きの手のひらの横に伸ばした人差指を置き、手前に引く。

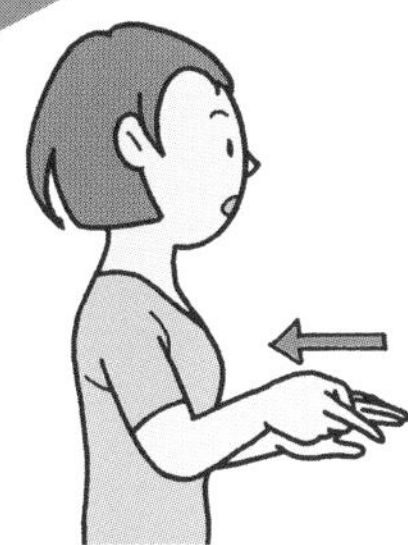

レントゲン

親指と人差指を伸ばした手を腹の前に置く。

片手はそのままで、開いた手を腹の前に置き、前に出しながら握る。

血

小指を立て他四指の先を付けた手で二の腕から手首にかけてなぞる。

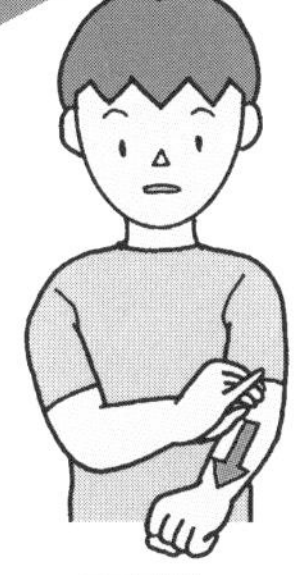

血圧

腕の上に手のひらを乗せる。

腕の横で手を握ったり緩めたりする。

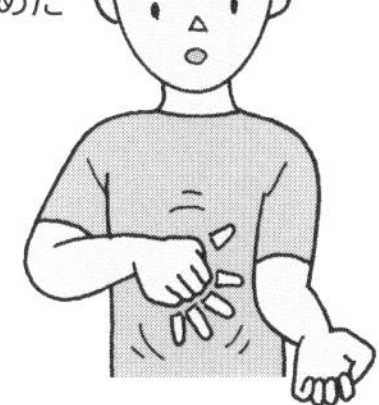

体温計

人差指を伸ばして脇にはさむ。

尿検査

<おしっこ>
人差指を腹の前で手首を軸にして数回下向きに振る。

<調べる>
人差指と中指を曲げて目の前に置き、左右に数回動かす。

点滴

腕の内側に向かって伸ばした人差指を２回近付ける。

精密検査

<詳しい>
親指と人差指を付けた指先を合わせ、手のひらが下を向くように２回手首をひねる。

<調べる>
人差指と中指を曲げて目の前に置き、左右に数回動かす。

お見舞い

病院に居たね。

友達のお見舞いに行ってきたの。

病院

＜脈＞
手首の内側に、片方の指先を付ける。

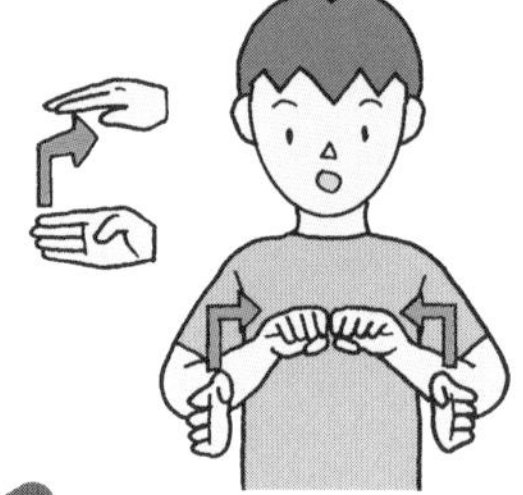

＜建物＞
向かい合わせた手のひらを同時に上げた後、手のひらを下にして中央で付ける。

居る

向かい合わせた両手拳をひじから下げるように同時にぐっと下ろす。

見る①

人差指と中指を伸ばし目の高さから指先を前方に向け前に出す。

友達

両手を合わせて組み、小さく回す。

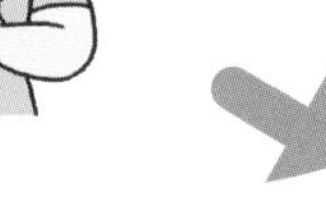

プレゼント

手の平の上方で親指と人差指を付け、同時に前に出す。

行く①

下に伸ばした人差指を前に出しながら、少し上に向ける。

終わり（＝〜した）

上に向けた両手の指を、すぼめながら下ろす。

関連単語　病院に関する表現

内科

手の内側に、片方の人差指を上から差し入れる。

体に付けた手のひらの甲側を、人差指と中指で叩きながら両手を回す。

保険

手の甲を、片方の手のひらで円形になでる。

医者

手首の内側に、片方の指先を付ける。

親指を立てて他四指は握る。

退院

指をやや曲げた四指と親指の間に置いた伸ばした人差指と中指を手前に引く。

看護師

<脈>
手首の内側に、片方の指先を付ける。

<世話>
両手を向かい合わせ、親指側を少し開き、交互に数回上下させる。

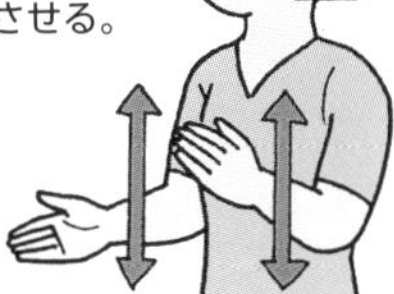

<士>
親指・人差指・中指を伸ばした手を反対側の肩に付ける。

ポイント 「見る」の使い分け

シーン3の「見る」の表現は、「見つけた」というニュアンスを含んでいます。親指と人差指で丸く輪を作る「見る」はなんとなく見ているニュアンス、人差指と中指を伸ばして「見る」のは目的を持って見るニュアンスがあります。このように同じ「見る」でも、状況に応じて使い分ける必要があります。

受診

注射

人差指・中指と親指を向かい合わせ指先を合わせながら腕に当てる。

嫌

親指と人差指を少し曲げた指先を胸にトントンと付ける。

だから

両手の親指と人差指で作った輪をからませ、斜め下に出す。

病院

<脈>
手首の内側に、片方の指先を付ける。

<建物>
向かい合わせた手のひらを同時に上げた後、手のひらを下にして中央で付ける。

行く①

下に伸ばした人差指を前に出しながら、少し上に向ける。

断る

手のひらを前方に向けた手に片方の手の指先を付け前に押し出す。

私

人差指で鼻の辺りを指す。

子どもみたいね。
我慢しなくちゃ。

子ども

手のひらを下に向け、なでるように小さく円を描く。

同じ

両手の親指と人差指を同時に2回、付けたり離したりする。

あなた

相手を人差指で指す。

我慢

立てた親指に片方の手のひらを付け、押し付けるようにして下ろす。

必要

両手の四指の先を脇付近の胸に同時に当てる。

あなた

相手を人差指で指す。

痛みの場所

どこかが痛い場合には、シーン1のようにその部位を指してから「痛い」という手話をして表します。この場合、「痛い」の手話単語を表現する場所は、その部位の近くでもよいですし、体の前面でも構いません。もう1つの方法は、その部位を指さないで、その部位の近くで「痛い」と表現することです。頭のそばで「痛い」なら頭痛、お腹のそばなら「腹痛」となります。

検査

胃カメラを飲むことになったけど、怖いな。痛いかな？

胃

小指を立てた拳の親指側を腹に付ける。

写真（＝カメラ）

指を曲げて作った筒の前に、自分に向けた手のひらを上から下ろす。

納得（＝飲む）

人差指をのどに付け、胸にかけて下ろす。

受ける

手のひらを前方へ向け少し丸みをもたせた両手を、同時に手前に引く。

私

人差指で鼻の辺りを指す。

怖い

両手で拳を作り、小刻みに震わせる。

痛い

手のひらをやや上に向け指を曲げた手を小さく揺らす。

想像（＝～かな？）

指を軽く曲げた手をこめかみの辺りから斜め上に上げる。

私は受けたことあるよ。心配なんかいらないわ。大丈夫よ。

私

人差指で鼻の辺りを指す。

過去

甲側を前に向けた手を、後方に倒す。

経験

両手の指先が触れ合うように交互に打ち付ける。

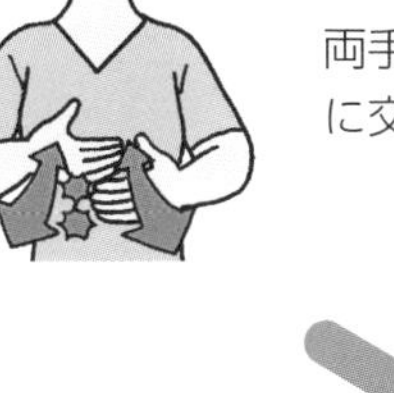

終わり（＝〜した）

上に向けた両手の指を、すぼめながら下ろす。

心配

指を軽く曲げた両手を上下に体に付けて、体ごと小刻みに揺らす。

不要

脇辺りに指先を付けた両手を払うように前に出す。

できる

（＝大丈夫）

親指を除く四指の先を反対側の胸に付け、手の側の胸に付ける。

あなた

相手を人差指で指す。

すぐに使える手話フレーズ

病院

手話の難しさ・楽しさの１つは、手とまゆと口などが一体となって初めて１つの意味を表すことです。シーン１では“熱はありますか？”を、「体温計」＋「調べる」＋「終わり」＋「あなた？」としています。文末に、まゆを上げて、あごを引く動作が入るので、“調べましたか？”という意味になります。逆に、「体温計」＋「調べる」＋「終わり」として、文末でこれらの動作をしないと“調べました”になります。

熱を計りました。

体温計

人差指を伸ばして脇にはさむ。

調べる

人差指と中指を曲げて目の前に置き、左右に数回動かす。

終わり

上に向けた両手の指を、すぼめながら下ろす。

口型の使い方

「終わり」の手話語彙と同時に表される口型は 11 種類以上もあります。また、この口型はどの手話語彙にも共通して使われるのではありません。手話語彙が変われば使われる口型も変わります。語彙ごとに、どんな場面で使うかもあわせて覚えるようにするとよいでしょう。なお、口型は若いろう者でよく使われ、年配のろう者では口型をまったく使わない人もいます。

Lesson 12 接客

最近のデパートには手話のできる店員がいるところも増えてきました。しかし、お世話のしすぎでろう者が迷惑な思いをしたという話も聞きます。接客する側は、お客様がどこまで望んでいるかを察してサポートするのが望ましいです。必要なときに必要な情報を提示するようにしましょう。

動画内容

SCENE 1　基本会話
SCENE 2　注文
SCENE 3　思いやり
SCENE 4　手伝い
SCENE 5　チケット購入

動画で学ぼう

https://youtu.be/ctr31DhJMgY

基本会話

いらっしゃいませ

上向きの両手のひらを斜め前から手前に引く。

申し込まれる

(=注文)

上向きの手のひらの上に片方の人差指を置き、同時に手前に引く。

好き (=〜したい)

親指と人差指を伸ばしてあごに付け、下ろしながら指先を閉じる。

何？

立てた人差指を左右に数回、振る。

ケーキ

上向きの手のひらに片方の手の指先を斜め横に向けて垂直に下ろす

指先を前方に向け同様に垂直に下ろす。

1

人差指を立てた拳を前に出す。

頼む

(=お願いします)

指をそろえて手を立て、拝むように前に出す。

お飲み物はいかがなさいますか？

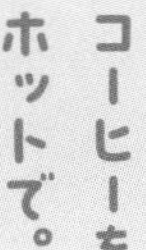

飲む②

軽く指を曲げた手の親指を自分に向けて口元に持ってくる。

申し込まれる

（＝注文）

上向きの手のひらの上に片方の人差指を置き、同時に手前に引く。

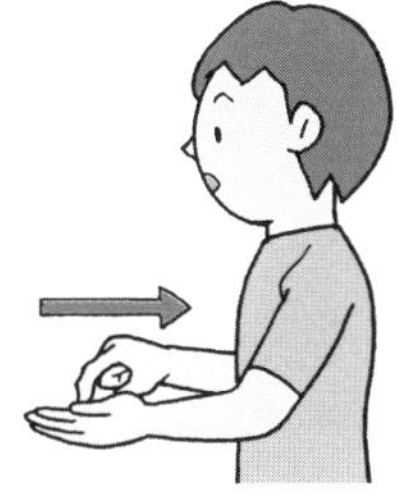

好き（＝～したい）

親指と人差指を伸ばしてあごに付け、下ろしながら指先を閉じる。

立てた人差指を左右に数回、振る。

コーヒー

親指と人差指を付け、軽く握った手の横で回す。

暖かい

手のひらを自分に向けた両手を、ゆっくり同時に下からあおぎ上げる。

好き（＝希望）

親指と人差指を伸ばしてあごに付け、下ろしながら指先を閉じる。

頼む

（＝お願いします）

指をそろえて手を立て、拝むように前に出す。

かしこまりました。
450円です。

わかる

手のひらを胸に当ててから下ろす。

400

親指以外の四指を伸ばし横に向け、手首を軸にはね上げる。

50

親指を上に伸ばし他指は折り、親指を曲げる。

円

親指と曲げた人差指を向かい合わせ、他指は握り前に向け、少し横に引く。

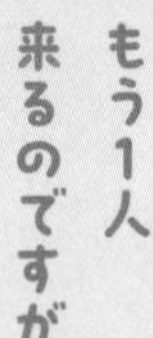

未来

手のひらを前方に向け、そのまま前に出す。

一

人差指を横に伸ばし、他指は握る。

人

人差指だけ伸ばした手で「人」の字を空書する。

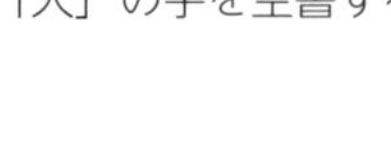

来る①

人差指を立てて、指の腹を自分に向けて引く。

構いませんよ。お水をお持ちしましょうか？

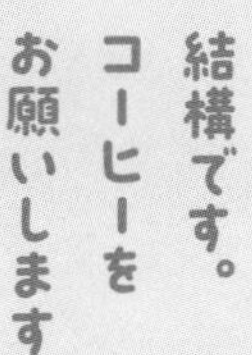

構わない

小指を立て、あごに付ける。

いいえ

立てた片手を左右に振る。

水

手のひらを上に向け、揺らしながら横に引く。

コップを渡す

手のひらに、親指と他四指を近付けた手を乗せて、一緒に少し前に出す。

必要？

両手の四指の先を脇付近の胸に同時に当てる。

コーヒー

親指と人差指を付け、軽く握った手の横で回す。

頼む

(＝お願いします)

指をそろえて手を立て、拝むように前に出す。

かしこまりました。少々お待ちください。

わかる

手のひらを胸に当ててから下ろす。

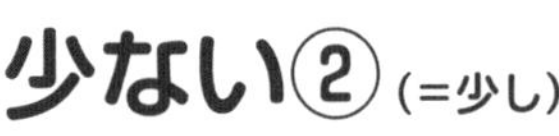

少ない②（＝少し）

親指と人差指を伸ばして、手を下に動かしながら指先を近付ける。

待つ

親指以外の四指を曲げ、指先をあごの下に付ける。

頼む

（＝〜して下さい）

指をそろえて手を立て、拝むように前に出す。

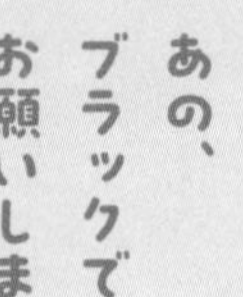

あの、ブラックでお願いします。

呼ぶ（＝あの）

手のひらを前に向け、呼び込むように手を倒す。

牛乳②

親指と人差指を軽く伸ばし、親指を頭に当てる。

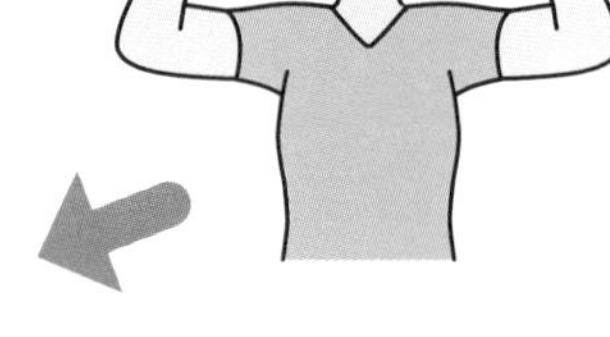

親指と他指を近付けた手を口元に上げる。

砂糖

手のひらを手前に向け口元で回す。

不要

脇辺りに指先を付けた両手を払うように前に出す。

場所に関する表現

村

前に向けた人差指の上に指を曲げた手を置き、同時に軽く前後させる。

都

人差指と中指を立て、手の甲は前に向ける。

市

親指・人差指・中指を伸ばした手を体の前に置く。

区

指をそろえた手のひらを自分に向け、横にする。

町

両手の指先を付けたまま、横に移動しながら手首をひねる。

県

肩の前で両手を合わせて互いにずらす。

田

両手の人差指・中指・薬指を伸ばし、指を交差する。

林

指先を上にし、向かい合わせた両手のひらを交互に上下させる。

建物

向かい合わせた手のひらを同時に上げ、人差指側を中央で付ける。

橋

前に向けて伸ばした人差指と中指を山なりに自分側に引く。

森

指を軽く広げた両手を交互に上下させながら左右に開く。

池

丸くした手の内側に沿って、上向きの手のひらを水平に動かす。

scene 2

注文

食べる①（＝食事）

手のひらの上で伸ばした人差指と中指を数回すくうように口元に運ぶ。

飲む②（＝飲み物）

軽く指を曲げた手の親指を自分に向けて口元に持ってくる。

好き（＝希望）

親指と人差指を伸ばしてあごに付け、下ろしながら指先を閉じる。

何？

立てた人差指を左右に数回、振る。

ケーキ

上向きの手のひらに片方の手の指先を斜め横に向けて垂直に下ろす。

指先を前方に向け同様に垂直に下ろす。

紅茶

親指と人差指を付け、軽く握った手の横で上下させる。

頼む

指をそろえて手を立て、拝むように前に出す。

ジュース

小指を伸ばし「J」の字を空書する。

お茶①

筒にした手を、片方の手のひらに向けて数回上下させる。

ビール

拳の親指側に、人差指と中指の腹を付け手首を上げる。

ワイン

人差指・中指・薬指を立てて口元の辺りで水平に円を描くように動かす。

牛乳②

親指と人差指を軽く伸ばし、親指を頭に当てる。

親指と他指を近付けた手を口元に上げる。

喫茶店

<コーヒー>
親指と人差指を付け、軽く握った手の横で回す。

<場所>
指を軽く曲げた手を下向きにし、置くように少し下げる。

お菓子

親指と人差指を曲げた片手を口元に持っていく。

メニュー

合わせていた両手のひらの小指側を離して、大きく柔らかく1回開く。

味噌汁

<味噌>
上向きの手のひらの上で、握った手を回す。

<（おわんで）飲む>
両手のひらの小指側を付け、水をすくって飲むような動作をする。

思いやり

寒い？

両手で拳を作り、小刻みに震わせる。

暖かい

手のひらを自分に向けた両手を、ゆっくり同時に下からあおぎ上げる。

エアコン

上方で両手の指先を自分に向け同時に数回動かす。

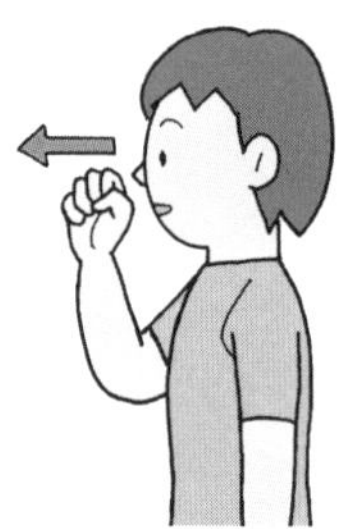

良い？

拳を鼻の前に置き、前に向けて出す。

そう（=ええ）

親指と人差指を前方で数回付ける。

少ない②（=少し）

親指と人差指を伸ばして、手を下に動かしながら指先を近付ける。

寒い

両手で拳を作り、小刻みに震わせる。

私

人差指で鼻の辺りを指す。

関連単語

季節の表現

季節

親指以外を開いた手の横で、人差指と中指を伸ばした手を回転させながら下げる。

梅雨

<梅>
すぼめた片手の指先を口元に付けた後、こめかみ辺りに付ける。

<雨>
指先を下に向けた両手を同時に上下させる。

涼しい

指を開いた両手を顔の脇に置き、前後に数回、動かす。

暑い

甲をやや前に向け軽く握った手を、顔に向けて手首から振るように動かす。

ジメジメする

両手の指先を交互に付け離しする。

「寒い」と「怖い」の表現

シーン3には、「寒い」という表現が出てきます。P.190で、「怖い」と表現するときと同じですね。日本語では、漢字も意味も異なりますが、手話では顔以外の要素はまったく同じなのです。寒くて震えるのも、怖くて震えるのも、震える動作は同じです。寒いときの顔、怖いときの顔を思い出しながら、表現してみてください。

scene 4

手伝い

何か
お困りでしょうか？
お手伝い
いたしますよ。

エレベーター
まで連れて
行ってください。

困る①

指を軽く曲げた手を頭の横に置き、軽く前後に動かす。

有る？

やや下向きの片手を軽く押さえるように置く。

助ける①（＝手伝い）

親指を立てた手を、立てた片方の手で叩きながら前方に出す。

必要？

両手の四指の先を脇付近の胸に同時に当てる。

エレベーター

片方の人差指と中指を伸ばして、手のひらに乗せて、一緒に上げる。

場所

指を軽く曲げた手を下向きにし、置くように少し下げる。

ガイド（＝案内）

手のひらを、片方の手で軽くつかみ前方に引く。

頼む

（＝～して下さい）

指をそろえて手を立て、拝むように前に出す。

お待ちください

＜待つ＞
親指以外の四指を曲げ、指先をあごの下に付ける。

＜頼む＞
指をそろえて手を立て、拝むように前に出す。

別

指先を下に向けて指の背同士を付けた両手を、左右に引き離していく。

販売員

＜商売＞
両手の親指と人差指で作った輪を、交互に前後させる。

＜委員＞
親指と人差指で作った輪を、その手と反対側の胸に付ける。

預かる

手のひらを下にした手の下に、片方の手をもぐり込ませる。

試着

＜試す＞
手のひらを横に向け立てた人差指の先を目の下に軽く２回当てる。

＜着る＞
親指以外の四指を握った両手を肩の前に置き、手を近付けながら下げる。

足りない

手のひらの上に人差指の先を乗せて指だけを手前に数回引く。

合う①

両手人差指の腹同士を上下に付ける。

合わない①

人差指の腹同士を上下に付けた状態からぱっと左右に離す。

満足

胸に付けた手を、前方に置いた片方の手のひらに付ける。

チケット購入

当日券を欲しいのですが、ありますか？

1枚2500円です。

今

下向きの両手のひらを同時に少し下げる。

チケット

両手の人差指と親指を軽く曲げ、長方形を作る。

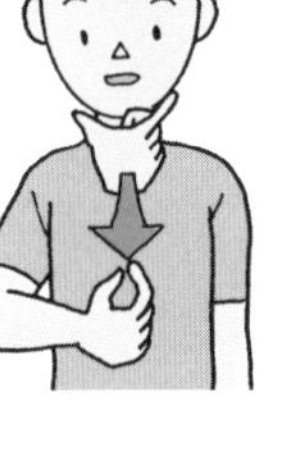

好き（＝希望）

親指と人差指を伸ばしてあごに付け、下ろしながら指先を閉じる。

有る？

やや下向きの片手を軽く押さえるように置く。

1

人差指を立てた拳を前に出す。

2000

人差指と中指を広げて横に向け、「千」の字を空書する。

500

親指を横に伸ばし手首を軸にして親指を立てる。

円

親指と曲げた人差指を向かい合わせ、他指は握り前に向け、少し横に引く。

消費税

＜消費＞
手のひらの上に、親指と人差指で作った輪を乗せて数回、前に出す。

＜税金＞
親指と人差指で輪を作り、指先を開きながら手首をひねる。

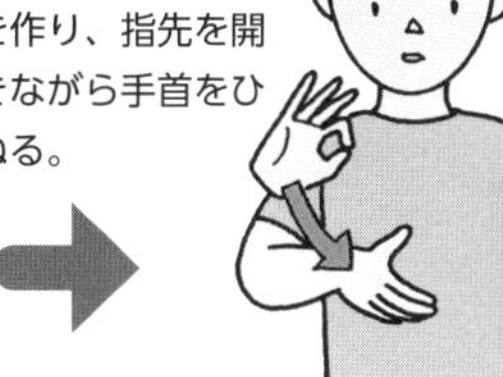

残り

上向きの手のひらの上に、上向きの手のひらを乗せ、手前に滑らせる。

赤字

人差指を伸ばし唇の前に置き横に動かす。

指を伸ばした手のひらに人差指を付け、指先に向かって動かす。

頭がいっぱい

額に手のひらの人差指側を当て、そのまま横へ引く。

前売り

＜過去＞
甲側を前に向けた手を、後方に倒す。

＜売る＞
親指と人差指で作った輪を手前に引きつつ、片方の手を前に出す。

なくなる

両手を上下に向かい合わせ、上の手を下の手に付けてから前にすべらせる。

まとめる

左右に広げた両手を握りながら縦に並べ、少し上げる。

寄付①

手のひらを額に近付けて、手首から返し前方に下ろす。

約束

両手の小指をからませる。

すぐに使える手話フレーズ

接客

　数字は扱う単位によって表現が異なることがあります。例えばお金の円は数字と「円」を順に表します。一方で、人数は手に数字を残したまま「人」を表すことで人数が表現されます。距離の「メートル」は片手で数字を残したまま、もう片方の手で「メートル」を表します。数字は誤って伝わるとトラブルにもつながる可能性があるので丁寧に表現しましょう。

その本はいくらですか？

それ

人差指で指す。

本

両手のひらを合わせ、小指をつけたまま左右に開く。

お金

親指と人差指で作った輪を小さく振る。

いくつ①

上向きにした手の指を順に折る。

「目を見る」ことの重要性

　接客で一番大切なことは、お客様であるろう者の顔を見てしっかりと確認しながら話をすることです。聴者が相手の場合はオーダーを聞きながら伝票に書き込んだりしますが、ろう者に対しては、きちんと目を見て、何がいくつと告げられるのを待ってメモしてください。話の途中で視線を外すのはマナー違反なのです。

指文字表

※イラストは全て相手から見た形を表しています。

あ
親指を横に伸ばし、他指は握る。

か
親指・人差指・中指を離し、親指は中指の腹に付け、他指は握る。

さ
全ての指を握り、拳を作る。

い
小指を上に伸ばし、他指は握る。

き
親指・中指・薬指の先を付け、他指は伸ばす。

し
親指・人差指・中指を離して伸ばし、手の甲を前に向ける。

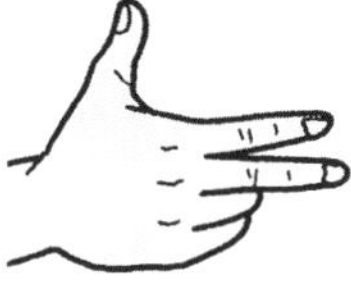

う
人差指と中指をそろえて上に伸ばし、他指は握る。

く
親指は伸ばし上に向け他指は付けて伸ばし、横に向ける。

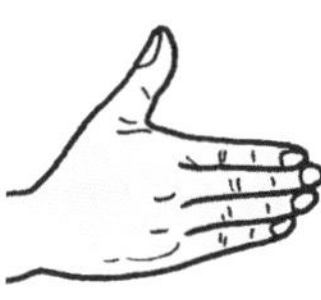

す
親指・人差指・中指を離して伸ばし、人差指・中指は下に向ける。

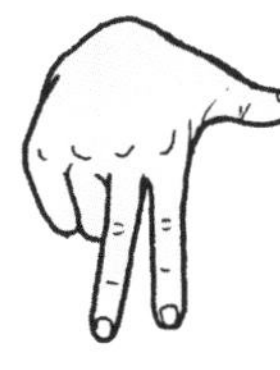

え
全ての指を曲げ、手のひらを前に向ける。

け
親指以外は付けて上に伸ばし、親指は握る。

せ
中指を伸ばし上に向け、他指は握る。

お
全ての指を軽く曲げ、指先を付けて輪を作る。

こ
伸ばした親指以外の四指を折る。

そ
人差指を伸ばし前方斜め下に向け、他指は握る。

親指を上に伸ばし、他指は握る。

ち

親指・人差指・中指・薬指の先を付け、小指は立てる。

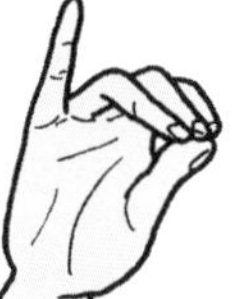

つ

親指・人差指・中指の先を付け、他指は立てる。

て

親指以外は付けて上に伸ばし、親指も伸ばす。

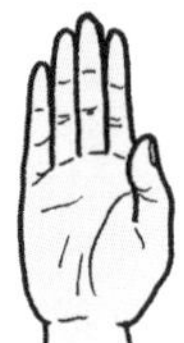

と

人差指と中指を付けて上に伸ばし、他指は握る。

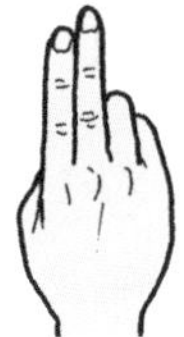

な

人差指・中指を開いて伸ばし、下に向ける。

に

人差指・中指を開いて伸ばし、横に向ける。

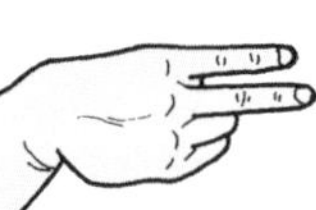

ぬ

人差指を上に立てて曲げ、他指は握る。

ね

全ての指を開いて伸ばし、下に向ける。

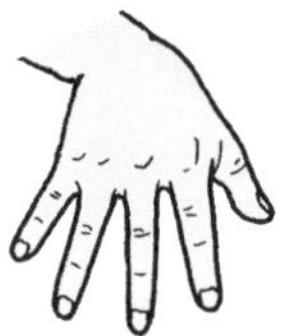

の

人差指を伸ばし、他指は握る。人差指で「ノ」の字を空書する。

は

人差指と中指をそろえて前方に伸ばし、他指は握る。

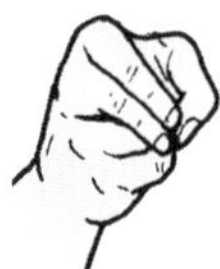

ひ

人差指を上に伸ばし、他指は握る。

ふ

親指・人差指を離して伸ばし、人差指は下に向ける。

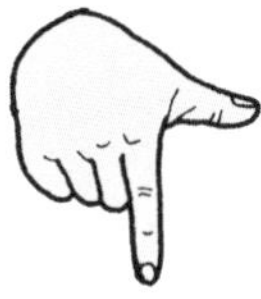

へ

親指・小指を伸ばし、下に向ける。

ほ

全ての指を付けて、軽く指先を曲げる。

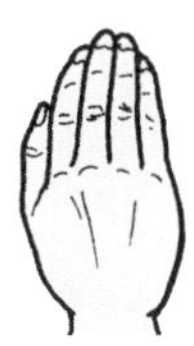

人差指・中指・薬指を開いて伸ばし、下に向け、他指は握る。

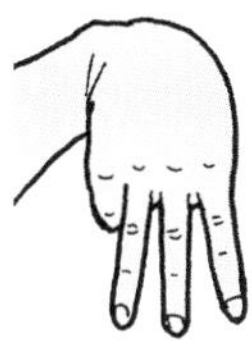

親指・小指を伸ばし、上に向ける。

中指を人差指の背に乗せ上に伸ばし、他指は握る。

み

人差指・中指・薬指を開いて伸ばし、指は横に向け、他指は握る。

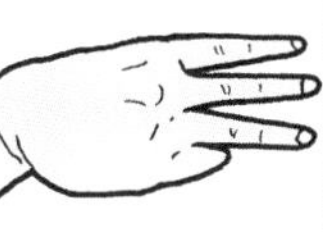

ゆ

人差指と中指と薬指を離して上に伸ばし、他指は握る。

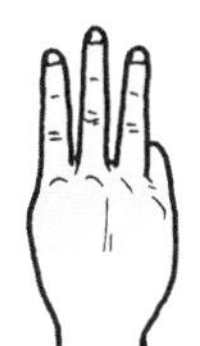

り

人差指と中指を離して伸ばし、他指は握る。指で「リ」の字を空書する。

む

親指・人差指を離して伸ばし、人差指は横に向け、他指は握る。

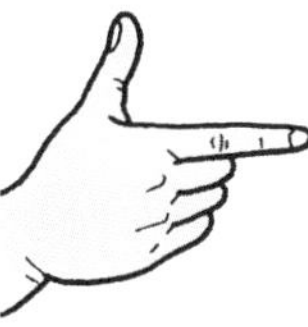

よ

親指以外の四指を開いて伸ばし、横に向け、親指は握る。

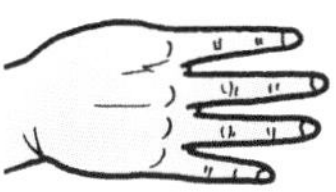

る

親指・人差指・中指を離して伸ばし、上に向ける。

め

親指と人差指で輪を作り、他指は上に向け立てる。

れ

親指・人差指を離して伸ばし、人差指は上に向ける。

も

親指と人差指を離して伸ばした後指先を付け、他指は握る。

ろ

人差指と中指を離して上に立てて曲げ、他指は握る。

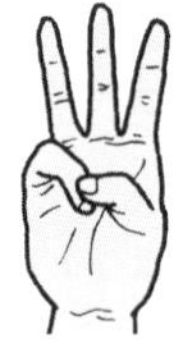

人差指と中指と薬指を離して上に伸ばし、他指は握る。

を

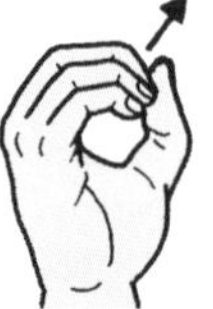

全ての指を軽く曲げ親指と人差指の先を付け、引く。

ん

人差指を伸ばし、他指は握る。人差指で「ン」の字を空書する。

ば（濁音）

指文字を表したまま、腕の方に引く。

ぱ（半濁音）

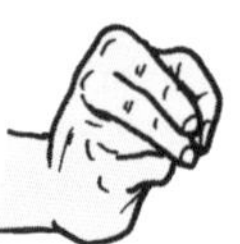

指文字を表したまま、上に上げる。

っ（促音）

親指・人差指・中指の先を付け、他指は立てる。手のひらは前向きにし、引く。

ゅ（拗音）

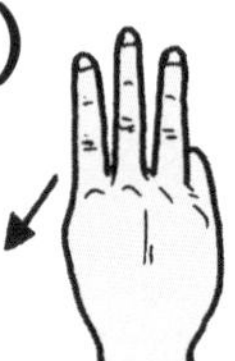

指文字を表したまま、引く。

（長音）

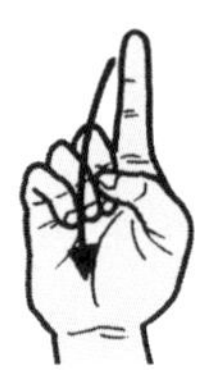

人差指で長音文字を空書する。

 両手の人差指を立て、指の腹を合わせ、片方の親指を添わせる。 	 立てた人差指に片方の人差指・中指を付け、外側へひねる。 	**K** 立てた人差指に片方の人差指で「K」の右部分を空書する。 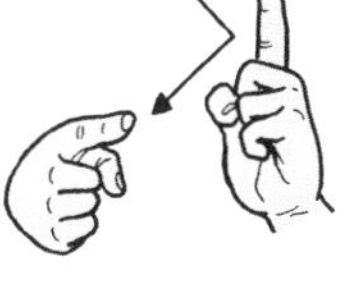
B 立てた人差指に片方の人差指・中指・薬指を付ける。 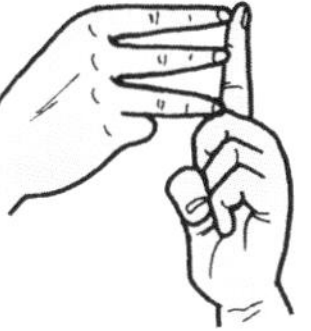	**G** 両手の親指と人差指を軽く曲げ、片方の人差指を反対の親指にかける。 	**L** 親指を横に伸ばし、人差指を立てる。 
C 全ての指先を軽く曲げる。 	**H** 立てた人差指に片方の人差指を付けて、親指を立てる。 	**M** 両手の親指の先を付け、人差指を下に伸ばす。 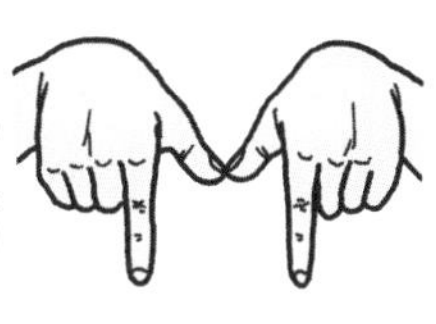
D 立てた人差指に少し曲げた片方の人差指・親指を付ける。 	**I** 小指を立てる。 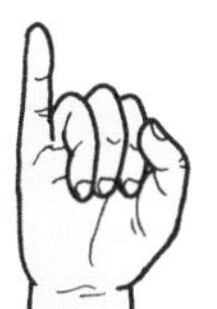	**N** 立てた人差指に片方の人差指で「N」の右部分を空書する。 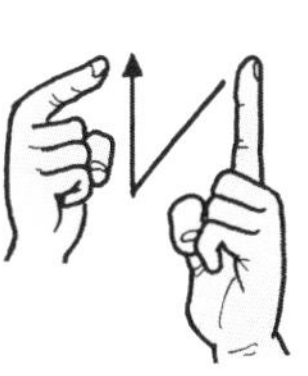
E 立てた人差指に片方の人差指・中指・薬親を付け、外側へひねる。 	**J** 小指を立て、「J」を空書する。 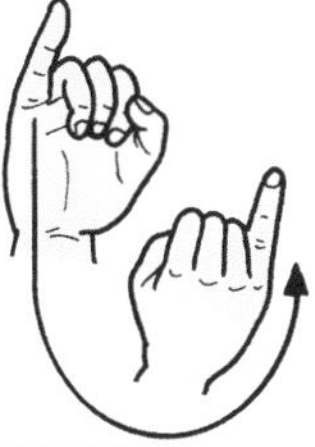	**O** 親指と他四指を付けて、丸を作る。 

立てた人差指に片方の親指・人差指を付ける。

筒状の手の中に片方の人差指を軽くかぶせる。

立てた人差指に片方の人差指で「R」の右部分を空書する。

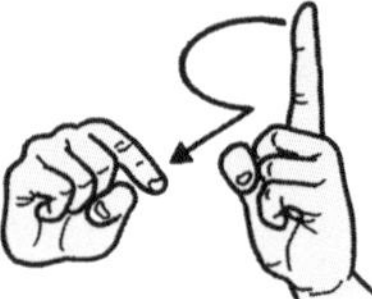

人差指で、「S」を空書する。

横に伸ばした人差指に、片方の立てた人差指を付ける。

人差指で、「U」を空書する。

人差指と中指を立てる。

両手の親指を付け、人差指を立てる。

両手の人差指を伸ばし、交差させる。

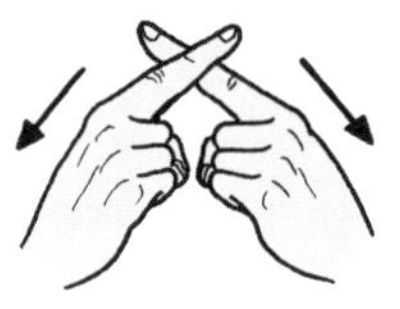

親指と小指を立て、他指を握る。

Z

人差指で、「Z」を空書する。

1

人差指を上に伸ばし、他指は握る。

2

人差指と中指を離して上に伸ばし、他指は握る。

3

人差指・中指・薬指を離して上に伸ばし、他指は握る。

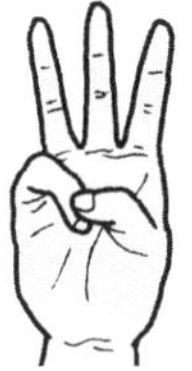

4

親指以外の四指を離して上に伸ばし、親指は折る。

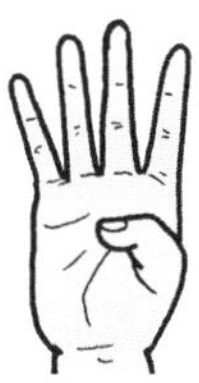

5

親指を横に伸ばし、他指は握る。

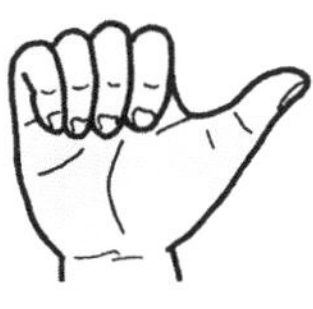

6

親指・人差指を離して伸ばし、人差指は横に向け、他指は握る。

7

親指・人差指・中指を離して伸ばし、人差指は横に向ける。

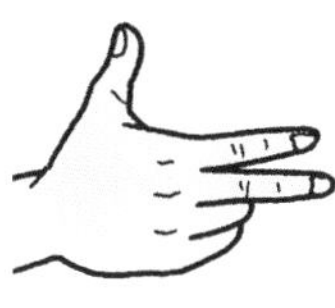

8

小指以外を離して伸ばし、人差指は横に向け小指は折る。

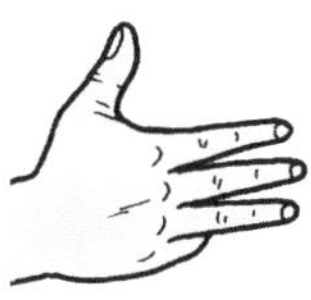

9

指を付けて伸ばし、人差指は横に向け、親指は上を向ける。

10

立てた人差指を軽く曲げる。

50

親指を上に伸ばし他指は折り、親指を曲げる。

100

斜め下に人差指を伸ばす。手首を軸にして指先を上に向ける。

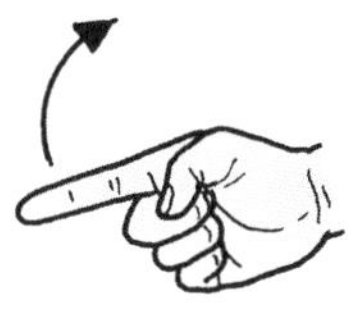

1000

小指を立て、他指は伸ばして指先を付けて前に向け、少し横に引く。

0

指を丸く曲げ親指と人差指の先を付ける。

索引

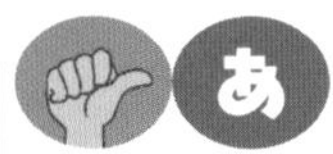

愛…… 142
間…… 184
相手…… 147
合う①…… 131、205
会う②…… 24、30、118、154
青…… 124
青ざめる…… 29
赤…… 125
赤字…… 207
明るい…… 18、108
秋…… 172
秋田…… 39
あげる…… 182
朝…… 72、117、160
浅い…… 137
明後日…… 89
味…… 139
アジア…… 131
明日…… 118
預かる…… 205
遊ぶ…… 123
暖かい…… 195、202
頭がいっぱい…… 207
頭にくる…… 149
熱海…… 45
厚い…… 137
暑い…… 203
あっという間…… 76、173、184
集まる…… 120
集める…… 122
あなた…… 21、35、46、48、53、57、58、64、82、90、92、98、100、106、110、116、138、142、148、153、154、171、174、176、178、180、181、182、184、189、191
兄…… 41
姉…… 41
アパート…… 63
油…… 69
甘い…… 138
雨…… 18、118
アメリカ…… 111
あら…… 24
ありがとう…… 162、169、182
有る…… 20、116、131、138、204、206
歩く…… 22
あれ…… 111、149、150、163、165、175
慌てる…… 157
合わない①…… 205
安心…… 157

胃…… 190
言い争う…… 157
いいえ…… 51、54、57、62、115、128、175、197
言い訳…… 157
言う①…… 150
言う②…… 68
家…… 44、86、176
イギリス…… 127
行く①…… 20、21、38、50、51、52、53、64、117、118、120、122、126、134、136、186、188
行く②…… 31、52、176
いくつ①…… 22、46、74、88、132、184、208
いくつ②…… 46、170、172、174
いくら…… 55
池…… 199
池袋…… 45
いじめる…… 157
医者…… 187
以上…… 184
忙しい…… 28、85
痛い…… 178、179、190
イタリア…… 127
一…… 46
１…… 194、206
１秒…… 75
いつ…… 37、179
１か月…… 184
一週間…… 135
一緒…… 42、50、53、64、114、134
一生懸命…… 123
１泊…… 75
１分…… 75
いつも…… 72、85、142、153
異動…… 31
今…… 28、46、58、60、76、90、105、110、165、169、180、206
意味…… 26
妹…… 41
嫌…… 175、188
いよいよ…… 75
いらっしゃいませ…… 31、194
いらっしゃる…… 162
居る…… 44、91、186
色…… 58、125
いろいろ…… 109、131、133
祝う…… 162、170、173、174、175
岩手①…… 39
インド…… 127

う

上野…… 44、52
受ける…… 190
薄い①…… 125
薄い②…… 137
うそ①…… 115、128
歌う…… 103
疑う…… 157
内…… 132
打ち明ける…… 157
美しい…… 37、124、132、164、165
写す②…… 107
宇都宮…… 45
海…… 114、124
恨む…… 157
うらやましい…… 83、126、142
噂…… 67
運営…… 61、87
うんざり…… 184

え

絵…… 69、70
エアコン…… 202
映画…… 104
英語…… 110
エイズ…… 183
エレベーター…… 204
円…… 152、196、206
宴会…… 171
遠足…… 123

お

おいしい①…… 136、142
おいしい②…… 20
嘔吐…… 183
多い①…… 85
大きい…… 117
オーケー…… 28、54、102、138
大阪…… 39
オーストラリア…… 127
大物…… 43
お菓子…… 201
おかしい…… 153
お金…… 132、208
岡山…… 39
沖縄…… 39、124
おごってもらう…… 53
怒る…… 29
おごる…… 54
教える…… 79、102
おしゃれ①…… 103
遅い…… 26、85
教わる…… 99
お茶①…… 201
夫…… 163
弟…… 41
男…… 41、70
落とす…… 152
訪れる…… 31
一昨日…… 154、168
大人…… 170
踊る…… 103
驚く…… 133、168
お腹がすく…… 19、160
同じ…… 66、69、92、163、189
お待ちください…… 205
重い…… 137
思う…… 51、173
面白い②…… 115
親子面談…… 77
オレンジ…… 125
終わり…… 78、150、181、186、191、192
温泉…… 103
女…… 41

か

か…… 94
会計…… 74、87
会社…… 82、83、90、96、163
ガイド…… 31、36、204
買う…… 57
返す…… 63
帰ってくる…… 31
帰る…… 30、85
顔が赤らむ…… 29
係長…… 95
書く…… 69
学生…… 47
過去…… 168、173、191
鹿児島…… 39
傘…… 59
数…… 159
風邪…… 182
家族…… 120
固い①…… 180
かっこいい…… 107
活動…… 123
加藤…… 42
悲しい…… 168
兼ねる…… 84
彼女…… 43
構わない…… 21、53、54、62、122、153、176、197
我慢…… 189
雷…… 23

通う…… 66、82、88、99、110
火曜日①…… 135
～から…… 22、60、72、160、179、180
辛い…… 138
体…… 147、148、178
借りる…… 152
軽い…… 137、182
カレーライス…… 19
彼氏…… 43
替わる…… 140
考える…… 56、57、79
関係…… 83
韓国…… 127
看護師…… 187
簡単…… 101
感動…… 29

き

黄色…… 125
聞く…… 95、106
技術…… 101、112
季節…… 203
気づく…… 126
喫茶店…… 201
切手収集…… 103
記念日…… 135
昨日…… 146、156、179、180
厳しい…… 29
寄付①…… 207
決める①…… 111
決める②…… 126
着物…… 59
キャンプ…… 122
９…… 72
休憩…… 167
牛乳②…… 198、201
給料…… 95
行事…… 123
京都…… 35
興味…… 106
去年…… 66
気を付ける…… 30
銀行員…… 87
銀座…… 51
金曜日…… 135

く

区…… 199
空腹…… 139
薬…… 182
果物…… 141
口…… 94
靴…… 59
雲…… 23
曇り…… 23
繰り返し…… 153
来る①…… 31、36、169、196
来る②…… 35
苦しい①…… 29
車…… 62、146、147
グレー…… 125
クレジット…… 63
黒…… 125

け

計画…… 58、120
経験…… 114、191
警察…… 150
芸術…… 68
契約…… 63
ケーキ…… 93、194、200
怪我…… 183
血圧…… 185
結婚…… 162、166、173
欠席…… 47
月曜日…… 135
下痢…… 180
県…… 199
元気…… 24、154
現金…… 63

５…… 118
濃い…… 125
後悔…… 152、155
合格…… 66
高校…… 76
工場…… 88
紅茶…… 200
交通事故…… 26、146
後輩…… 42
神戸…… 45
公務員…… 87
コーヒー…… 195、197
ここ…… 22、169
午後…… 73
午後５時…… 73
５時まで①…… 73
５時まで②…… 73
50…… 60、196
午前…… 73
コップを渡す…… 197
今年…… 89
子ども…… 41、189
断る…… 175、188
500…… 206

困る①…… 158、204
コミュニケーション…… 96
米…… 141、144
ごめんなさい…… 26、156
これ…… 155、178
頃…… 22、74、105、132
怖い…… 190
壊す…… 147、155、158
今月…… 89
今週…… 89
コンピューター…… 83
婚約…… 143

さ

最高…… 37
財布…… 152
探す…… 36、57
魚…… 141
下がる…… 61
桜…… 37
下げる…… 60
佐々木…… 34
サッカー…… 155
札幌…… 35
砂糖…… 34、40、198
寂しい…… 29
サボる…… 123
寒い…… 18、120、202
さようなら…… 30
三…… 76
参加…… 122
残業…… 85
38…… 181

し

市…… 199
試合…… 77、155
JR…… 27
塩…… 140
しかし…… 21、108、115、118、149
仕方がない…… 86
時間①…… 22、74、118
式…… 165、166
四苦八苦…… 94
試験…… 77
仕事…… 42、82、84、92
地震…… 23
自然…… 119
下着…… 59
七五三…… 172
試着…… 205
質問…… 55
自転車…… 27
芝居…… 103
自分…… 53
島…… 119
事務…… 84
ジメジメする…… 203
社員…… 95
社会…… 87
市役所…… 151
写真…… 190
社長…… 95
週…… 75
ジュース…… 201
渋滞…… 27
12…… 46
10年…… 88
充分…… 88、174
手術…… 185
趣味…… 104、108
種類…… 68、84
手話…… 91
手話通訳士…… 87
小学校…… 47
上手…… 137
商売…… 20、60、84、93、131、136
消費税…… 207
消耗…… 140
ジョギング…… 123
調べる…… 159、181、192
白…… 125
新幹線…… 27
信号…… 147
新婚旅行…… 143
新宿…… 45
心配…… 26、101、116、117、128、191

す

スイミング…… 121
水曜日…… 135
スカート…… 58
好き…… 19、20、36、62、70、92、102、107、108、122、144、164、194、195、200、206
スキー…… 120
少ない①…… 21、85
少ない②…… 198、202
涼しい…… 203
酸っぱい…… 139
スパゲッティ…… 141
素晴らしい…… 130
スペイン…… 70
ズボン…… 59

せ

成績…………………………47
成長…………………………173
精密検査……………………185
世界…………………………170
責任…………………………40、102
節約…………………………60
設立…………………………130
是非…………………………37
背広…………………………59
1000…………………………152
先週…………………………89
仙台…………………………45
先輩…………………………42、163
全部…………………………105
専門…………………………68、69

そ

そう…………………………20、24、78、86、111、115、117、124、165、174、202
想像…………………………78、132、170、190
卒業…………………………78、80
卒業旅行……………………77
そのまま……………………167
祖父…………………………41
祖母…………………………41
それ…………………………42、60、67、130、136、140、154、163、208

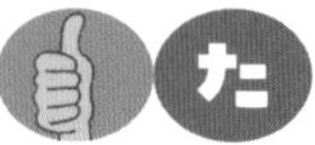

た

田……………………………199
退院…………………………187
体温計………………………181、185、192
大学…………………………66、68、78
ダイビング…………………121
大変…………………………28、52、76、86、94
太陽…………………………119
高い②………………………51、62、133、136
だから………………………188
タクシー……………………27
助かる………………………61
助けられる…………………40、158
助ける①……………………204
卓球①………………………121
建物…………………………199
楽しい………………………21、54、56、170、171
楽しみです…………………38、164
頼まれる……………………55
頼む…………………………30、37、38、126、140、152、158、167、194、195、197、198、200、204
食べる①……………………19、54、130、133、134、138、144、200
卵……………………………141
試す…………………………100、109、134
だめになる…………………138
ダリ…………………………70
足りない……………………205
誰……………………………70、100、158、163
誕生日………………………89

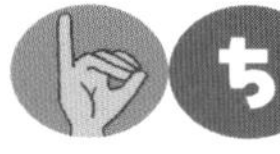

ち

血……………………………185
小さい………………………67
近い…………………………82、86
違う①………………………133
地下鉄………………………27
チケット……………………206
父……………………………174、175
千葉…………………………45
茶色…………………………125
茶の湯………………………103
中②…………………………46、56、66、76、79、110、122、165、175、180
中国…………………………98、127
注射…………………………188
注文…………………………140、159
〜長…………………………94
挑戦…………………………109
貯金…………………………63

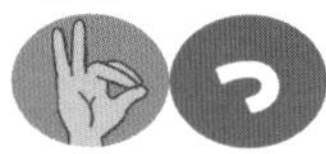

つ

使う…………………………50
月……………………………75、119
作る…………………………83、102
続く…………………………18
つなぐ………………………143
妻……………………………142
梅雨…………………………203
釣り…………………………114

て

デート………………………143
出かける……………………31
敵……………………………43
できない……………………51
できる………………………86、91、99、100、101、115、118、133、146、147、148、154、171、191
テニス………………………121
手袋…………………………59
寺……………………………36
天気（＝空）………………23

電車②……………………… 26、74、106、107
点滴……………………… 185
電話……………………… 159

と

都……………………… 199
ドイツ……………………… 127
トイレ①……………………… 158
同期……………………… 43
東京……………………… 67
同時……………………… 105
糖尿病……………………… 183
豆腐……………………… 141
どうやって……………………… 55、96、154
遠い……………………… 21、169
[～の]時……………………… 61
得意……………………… 98
どこ……………………… 44、50
土地……………………… 63
どちら……………………… 55
とても……………………… 28、61、136、165
友達……………………… 168、186
土曜日……………………… 134
ドライブ……………………… 103
トラック……………………… 27
取る……………………… 140

な

な～んだ②……………………… 53
ない①……………………… 114
ない③……………………… 90、91、109、156
内科……………………… 187
内容……………………… 83、84、130
直す……………………… 159
仲間……………………… 43
流れ続ける……………………… 158
なくす……………………… 153
なくなる……………………… 207
納得……………………… 190
7……………………… 172
何……………………… 19、32、56、67、68、78、80、82、83、84、92、98、104、105、108、120、130、131、146、178、194、195、200
名前①……………………… 32、67
奈良……………………… 39
慣れる……………………… 86
何時……………………… 72

に

匂い……………………… 139
苦手……………………… 101、112、116、138
肉……………………… 141
逃げる①……………………… 149、150
20……………………… 170
20分……………………… 22
2000……………………… 206
日曜日……………………… 135
日本……………………… 127
入院……………………… 184
入学……………………… 77
尿検査……………………… 185
人気がある……………………… 70

ぬ

縫う……………………… 58
盗む……………………… 157

ね

ネクタイ……………………… 59
妬む……………………… 157
年①……………………… 75、88
年②……………………… 75

の

残り……………………… 207
飲む①……………………… 171
飲む②……………………… 195、200
[船に]乗る……………………… 115

は

パーセント……………………… 60
バーベキュー……………………… 123
バイク……………………… 103
入る……………………… 90、100
函館……………………… 45
橋……………………… 199
始まる……………………… 72、179
初めまして……………………… 34
場所……………………… 155、169、204
バス……………………… 27
恥ずかしい……………………… 29
パソコン……………………… 83
はっきり……………………… 124
発見……………………… 57、150
話す①……………………… 94
バナナ……………………… 141
花嫁……………………… 164
母……………………… 40、56
早い……………………… 117、134、159、164
林……………………… 199
春……………………… 37
バレーボール……………………… 121

ハワイ…………………… 126
パン…………………… 102
パンク…………………… 27
販売員…………………… 205

ひ

ビール…………………… 201
飛行機①…………………… 111
久しぶり…………………… 24
必要…………………… 159、189、197、204
ビデオカメラ…………………… 103
人々…………………… 91
１人…………………… 196
暇…………………… 50、167
美容院…………………… 151
病院…………………… 186、188
兵庫…………………… 39
開く…………………… 93
昼…………………… 19、73、179
広い①…………………… 132
広まる…………………… 58
ピンク…………………… 125
貧血…………………… 183

ふ

夫婦…………………… 43
部下…………………… 43
深い…………………… 137
不快…………………… 178
福岡…………………… 39
無事…………………… 148
二人…………………… 91
普通…………………… 137
船…………………… 115、117
不満…………………… 90、156
不要…………………… 57、101、117、128、191、198
フランス…………………… 127
不倫…………………… 157
プレゼント…………………… 56、186
プレゼントをもらう…… 126
風呂①…………………… 28
プロ①…………………… 87
プロポーズ…………………… 143
雰囲気…………………… 131

へ

へぇ…………………… 68、99、132、142
下手…………………… 137
別…………………… 205
部屋…………………… 99
勉強…………………… 67、69、74、79、110
弁当…………………… 142

便秘…………………… 183

ほ

保育園…………………… 47
帽子①…………………… 59
帽子②…………………… 59
ボーナス…………………… 95
ぼける…………………… 183
保険…………………… 187
星…………………… 119
保障…………………… 63
北海道…………………… 39
ホッとする…………………… 61、148、182
骨…………………… 155
本…………………… 104、105、208
本当…………………… 18、61、130、146、149、162、166、168、169

ま

毎週②…………………… 89
前売り…………………… 207
前のライトが壊れた…… 148
まし②…………………… 86、133
まず…………………… 109
まずい…………………… 139
また…………………… 30
まだ…………………… 166
町…………………… 199
待つ…………………… 38、198
～まで…………………… 74
まとめる…………………… 62、207
マニア…………………… 106
迷う…………………… 79
マンション…………………… 63
満足…………………… 205
満腹②…………………… 139

み

水…………………… 158、197
味噌汁…………………… 201
緑…………………… 125
未来…………………… 52、76、78、120、171、196
見る①…………………… 94、166、186
見る②…………………… 104、164、166
みんな…………………… 100

む

ムカつく…………………… 54、147、149
無視…………………… 147
息子…………………… 40、76
娘…………………… 46、162、163、164、172

村…… 199

め

迷惑②…… 156
メールをもらう…… 168
巡り…… 103
珍しい…… 24
メニュー…… 201
目まい…… 183

も

申し込まれる…… 194、195
申し込む…… 122
木曜日…… 135
もし…… 136
もちろん…… 116
持つ…… 92
もらう…… 175
森…… 199

や

やぁ…… 18、28、30
野球…… 121
役員…… 87
約束…… 38、207
やけど…… 183
安い…… 20、133
休み…… 85、156
やっと…… 18
山…… 119
山口…… 40
止める…… 136
やる…… 36、100、172

ゆ

郵便局…… 151
有名…… 67
雪…… 23
夢…… 92、93

よ

良い…… 18、19、36、37、56、57、58、79、90、100、108、109、124、140、150、202
用意…… 165
幼稚園…… 47
横浜…… 45、99
呼ぶ…… 48、154、174、198
読む…… 104、105
夜…… 134
よろしくお願いします 34
40分…… 74
400 …… 196

ら

ラーメン…… 141
来週…… 89、134
来年…… 88、111
楽…… 29

り

離婚…… 143
両親…… 44、170
料理…… 98、99

れ

レストラン…… 130
恋愛…… 43、143
練習…… 123
レントゲン…… 185
連絡をもらう…… 38、156

ろ

ろう者①…… 48
浪人…… 52
ローン…… 62
60…… 174

わ

ワイシャツ…… 59
ワイン…… 201
わからない①…… 108、109
わかる…… 20、21、30、94、196、198
別れる…… 31
わざわざ…… 162、169
忘れる…… 54
私…… 19、26、34、35、38、40、42、50、51、52、56、61、62、69、70、79、82、84、93、98、99、101、102、104、105、106、108、111、112、114、116、126、146、148、150、152、155、159、166、168、171、181、182、188、190、191、202
悪い…… 149、178

●監修
米内山 明宏　小松 加代
●執筆協力
㈲手話文化村

●装丁・本文デザイン
門司美恵子（CHADAL 108）　山名真弓（Studio Porto）
●手話イラスト
DESIGN STUDIO 101　渡部健　パント大吉

●動画出演
スワン　Nyanko
●動画撮影・編集
磯﨑 威志（Focus & Graph Studio）

●編集
株式会社KANADEL
●企画編集
株式会社ユーキャン

動画とイラストでよくわかる！　ユーキャンのはじめて手話会話

2024年７月19日　初版　第１刷発行

編　者　ユーキャン学び出版 手話研究会
発行者　品川泰一
発行所　株式会社 ユーキャン 学び出版
〒161-0033　東京都渋谷区代々木1-11-1
Tel 03-3378-2226
発売元　株式会社 自由国民社
〒171-0033　東京都豊島区高田3-10-11
Tel 03-6233-0781（営業部）

印刷・製本　望月印刷株式会社

※落丁・乱丁その他不良の品がありましたらお取り替えいたします。
お買い求めの書店か自由国民社営業部（Tel 03-6233-0781）へお申し出ください。

　ISBN978-4-426-61580-2